孩子超喜爱的科学日记

肖叶 魏钦 / 著　杜煜 / 绘

游戏
有科学

以日记为引，讲生活百科
1分钟了解1个知识点

人民文学出版社　天天出版社

日记好看，科学好玩儿

国际儿童读物联盟前主席　张明舟

人类有好奇的天性，这一点在少年儿童身上体现得尤为突出：他们求知欲旺盛，感官敏锐，爱问"为什么"，对了解身边的世界具有极大热情。各类科普作品、科普场馆无疑是他们接触科学知识的窗口。其中，科普图书因内容丰富、携带方便、易于保存等优势，成为少年儿童及其家长的首选。

"孩子超喜爱的科学日记"是一套独特的为小学生编写的原创日记体科普童书，这里不仅记录了丰富有趣的日常生活，还透过"身边事"讲科学。书中的主人公是以男孩童晓童为首的三个"科学小超人"，他们从身边的生活入手，探索科学的秘密花园，为我们展开了一道道独特的风景。童晓童的"日记"记录了这些有趣的故事，也自然而然地融入了科普知识。图书内容围绕动物、植物、物理、太空、军事、环保、数学、地球、人体、化学、娱乐、交通等主题展开。每篇日记之后有"科学小贴士"环节，重点介绍日记中提到的一个知识点或是一种科学理念。每册末尾还专门为小读者讲解如何写观察日记、如何进行科学小实验等。

我在和作者交流中了解到本系列图书的所有内容都是从无到有、从有到精，慢慢打磨出来的。文字作者一方面需要掌握多学科的大量科学知识，并随时查阅最新成果，保证知识点准确；另一方

面还要考虑少年儿童的阅读喜好，构思出生动曲折的情节，并将知识点自然地融入其中。这既需要勤奋踏实的工作，也需要创意和灵感。绘画者则需要将文字内容用灵动幽默的插图表现出来，不但要抓住故事情节的关键点，让小读者看后"会心一笑"，在涉及动植物、器物等时，更要参考大量图片资料，力求精确真实。科普读物因其内容特点，尤其要求精益求精，不能出现观念的扭曲和知识点的纰漏。

"孩子超喜爱的科学日记"系列将文学和科普结合起来，以一个普通小学生的角度来讲述，让小读者产生亲切感和好奇心，拉近了他们与科学之间的距离。严谨又贴近生活的科学知识，配上生动有趣的形式、活泼幽默的语言、大气灵动的插图，能让小读者坐下来慢慢欣赏，带领他们进入科学的领地，在不知不觉间，既掌握了知识点，又萌发了对科学的持续好奇，培养起基本的科学思维方式和方法。孩子心中这颗科学的种子会慢慢生根发芽，陪伴他们走过求学、就业、生活的各个阶段，让他们对自己、对自然、对社会的认识更加透彻，应对挑战更加得心应手。这无论对小读者自己的全面发展，还是整个国家社会的进步，都有非常积极的作用。同时，也为我国的原创少儿科普图书事业贡献了自己的力量。

我从日记里看到了"日常生活的伟大之处"。原来，日常生活中很多小小的细节，都可能是经历了千百年逐渐演化而来。"孩子超喜爱的科学日记"在对日常生活的探究中，展示了科学，也揭开了历史。

范小米
米 粒

童晓童
童 童

皮尔森
高 兴

　　她叫范小米，同学们都喜欢叫她米粒。他叫皮
尔森，中文名叫高兴。我呢，我叫童晓童，同学们
都叫我童童。我们三个人既是同学也是最好的朋友，
还可以说是"臭味相投"吧！这是因为我们有共同
的爱好。我们都有好奇心，我们都爱冒险，还有就
是我们都酷爱科学。所以，同学们都叫我们"科学
小超人"。

童晓童一家

童晓童 男，10岁，阳光小学四年级（1）班学生

我长得不能说帅，个子嘛也不算高，学习成绩中等，可大伙儿都说我自信心爆棚，而且是淘气包一个。沮丧、焦虑这种类型的情绪，都跟我走得不太近。大家都叫我童童。

我的爸爸是一个摄影师，他总是满世界地玩儿，顺便拍一些美得叫人不敢相信的照片登在杂志上。他喜欢拍风景，有时候也拍人。其实，我觉得他最好的作品都是把镜头对准我和妈妈的时候诞生的。

我的妈妈是一个编剧。可是她花在键盘上的时间并不多，她总是在跟朋友聊天、逛街、看书、沉思默想、照着菜谱做美食的分分秒秒中，孕育出好玩儿的故事。为了写好她的故事，妈妈不停地在家里扮演着各种各样的角色，比如侦探、法官，甚至是坏蛋。有时，我和爸爸也进入角色和她一起演。好玩儿！我喜欢。

我的爱犬琥珀得名于它那双"上不了台面"的眼睛。在有些人看来，蓝色与褐色才是古代牧羊犬眼睛最美的颜色。8岁那年，我在一个拆迁房的周围发现了它，那时它才6个月，似乎是被以前的主人遗弃了，也许正是因为它的眼睛。我从那双琥珀色的眼睛里，看到了对家的渴望。小小的我跟小小的琥珀，就这样结缘了。

范小米一家

范小米 女，10岁，阳光小学四年级（1）班学生

我是童晓童的同班同学兼邻居，大家都叫我米粒。其实，我长得又高又瘦，也挺好看。只怪爸爸妈妈给我起名字时没有用心。没事儿的时候，我喜欢养花、发呆，思绪无边无际地漫游，一会儿飞越太阳系，一会儿潜到地壳的深处。有很多好玩儿的事情在近100年之内无法实现，所以，怎么能放过想一想的乐趣呢？

我的爸爸是一个考古工作者。据我判断，爸爸每天都在历史和现实之间穿越。比如，他下午才参加了一个新发掘古墓的文物测定，晚饭桌上，我和妈妈就会听到最新鲜的干尸故事。爸爸从散碎的细节中整理出因果链，让每一个故事都那么奇异动人。爸爸很赞赏我的拾荒行动，在他看来，考古本质上也是一种拾荒。

我妈妈是天文馆的研究员。爸爸埋头挖地，她却仰望星空。我成为一个矛盾体的根源很可能就在这儿。妈妈有时举办天文知识讲座，也写一些有关天文的科普文章，最好玩儿的是制作宇宙剧场的节目。妈妈知道我好这口儿，每次有新节目试播，都会带我去尝鲜。

我的猫名叫小饭，妈妈说，它恨不得长在我的身上。无论什么时候，无论在哪儿，只要一看到我，它就一溜小跑，来到我的跟前。要是我不立马知情识趣地把它抱在怀里，它就会把我的腿当成猫爬架，直到把我绊倒为止。

皮尔森一家

皮尔森 男，11岁，阳光小学四年级（1）班学生

　　我是童晓童和范小米的同班同学，也是童晓童的铁哥们儿。虽然我是一个英国人，但我在中国出生，会说一口地道的普通话，也算是个中国通啦！小的时候妈妈老怕我饿着，使劲儿给我搋饭，把我养成了个小胖子。不过胖有胖的范儿，而且，我每天都乐呵呵的，所以，爷爷给我起了个中文名字叫高兴。

　　我爸爸是野生动物学家。从我们家常常召开"世界人种博览会"的情况来看，就知道爸爸的朋友遍天下。我和童晓童穿"兄弟装"的那两件有点儿像野人穿的衣服，就是我爸爸野外考察时带回来的。

　　我妈妈是外国语学院的老师，虽然才36岁，认识爸爸却有30年了。妈妈简直是个语言天才，她会6国语言，除了教课以外，她还常常兼任爸爸的翻译。

　　我爷爷奶奶很早就定居中国了。退休之前，爷爷是大学生物学教授。现在，他跟奶奶一起，住在一座山中别墅里，还开垦了一块荒地，过起了农夫的生活。

　　奶奶是一个跨界艺术家。她喜欢奇装异服，喜欢用各种颜色折腾她的头发，还喜欢在画布上把爷爷变成一个青蛙身子的老小伙儿，她说这就是她的青蛙王子。有时候，她喜欢用笔和颜料以外的材料画画。我在一幅名叫《午后》的画上，发现了一些干枯的花瓣，还有过了期的绿豆渣。

目 录

2 月 16 日　　星期五　　火树银花 ……………… 10

2 月 24 日　　星期六　　米粒公主的风车 ………… 14

3 月 2 日　　　星期五　　孔明灯承载的愿望 ……… 18

3 月 10 日　　星期六　　飞吧，"UFO"！ ……… 22

4 月 1 日　　　星期日　　创意"神灯展" …………… 26

4 月 4 日　　　星期三　　荡啊荡，荡到月亮上 …… 30

4 月 6 日　　　星期五　　"飞鸟号"？"鹌鹑号"！ … 35

4 月 14 日　　星期六　　宠物狗比赛 ……………… 38

4 月 18 日　　星期三　　美味的橡皮泥 …………… 42

4 月 21 日　　星期六　　嘿，上钩啦 ……………… 46

5 月 5 日　　　星期六　　好玩儿的碰碰车 ………… 50

5 月 16 日　　星期三　　小陀螺，转转转 ………… 54

6 月 1 日　　　星期五　　3D 宇宙大漫游 ………… 58

6 月 8 日　　　星期五　　"高兴大师"的魔术秀 … 62

6 月 30 日　　星期六　　惊险刺激的过山车 ……… 66

7 月 7 日　　　星期六　　打水漂儿 ……………… 70

7月15日　　星期日　沙漠的回忆 ……………………… 74

7月17日　　星期二　冰刀上跳舞 ……………………… 78

7月22日　　星期日　转瞬即逝的沙雕 ………………… 82

7月30日　　星期一　鸟瞰城市的摩天轮 ……………… 86

8月1日　　　星期三　像鱼一样快乐 …………………… 90

8月10日　　星期五　糖画转转乐 ……………………… 94

8月11日　　星期六　精彩的高跷会 …………………… 98

8月15日　　星期三　我们的夏日漂流 ………………… 102

8月20日　　星期一　马戏团里的骑行侠 ……………… 106

9月15日　　星期六　倾斜小屋的秘密 ………………… 110

9月16日　　星期日　舒服的钉子床 …………………… 114

10月18日　星期四　彩虹泡泡，吹起来 ……………… 118

12月10日　星期一　悠悠球技巧大赛 ………………… 122

12月26日　星期三　飞来的滑板 ……………………… 126

童童有话说——科学日记的写法 ……………………… 130

2月16日
星期五
火树银花

过年啦！过年啦！雪精灵穿着六边形的白裙子，从云层中钻出来，也飘飘悠悠来凑热闹。看着红包上还没化成水的小雪花，我的眼前浮现出蜜蜂家族的六边形房子，乌龟壳上的六边形纹路……六边形真是大自然的宠儿！

夜晚，烟花代替了雪花，成了夜空的新霸主。随着一波"百龙升天"，烟花盛宴开始啦！可是高兴却一脸崇拜地望着米粒，看她拿着"仙女棒"，正专注地利用视觉暂留默写英语单词呢！点状的火花汇成了流畅的字母，像顽皮的流星拖着金色的尾巴在跳舞。

　　"放假呢，别想那些头疼的英语，一起仰望一下星空吧！"我指指天上正不断绚烂绽放的烟花，"有谁知道，为什么烟花能够发出五颜六色的光吗？"

　　"是不是像霓虹灯一样，给稀有气体通电来发出彩光的？"米粒望着一颗巨大的"红毛丹"在夜空绽放，"可是烟花没有通电呀！"

　　"才不是，这个我知道！"高兴乐呵呵地吃着汤圆，"这是焰色反应。因为在烟花的肚子里呀，藏了金属镁和金属铝的粉末，它们负责在燃烧时闪闪亮光；在'噼里啪啦'的燃烧中，还有一些化合物是颜色大师，比如黄色火焰是钠化合物的杰作，砖红色火焰则是钙化合物的涂鸦！"

"哈哈，如果夜空是画布，烟花都被你吹成大画家了！但这么说来，放烟花真的很容易污染环境呀，又是灰尘又是金属粉的。"米粒表达了自己的担忧，确认完全熄灭后，才把烟花燃烧后剩下的棍棍丢进了可回收垃圾箱。

"是啊，但要是真不放烟花了，过年不就没年味儿了吗！对了，如果有绿色环保的烟花就好了……"我脑中突然灵光一闪，决定要努力学化学，以后研制出环保烟花，让天空上真正开满"绿色"的花！

科学小贴士

火药作为我国四大发明之一，是烟花的老祖宗。唐朝的孙思邈曾在著作中记录了关于火药的配方，而后代代相传，才有了今天过年的火树银花。

为了让礼花弹飞得更高、绽放得更绚烂迷人，人们在礼花弹中添加了很多帮助发射、爆炸的火药。这些烟火绽放的半径能达到80米，绚烂的火花也绝不仅仅是有点儿烫哦，在发光发亮时，它们的温度能超过1000摄氏度；即使掉到地上，温度也有300摄氏度。

所以，小朋友们一定要在大人的看护下放烟花呀！

2月24日 星期六
米粒公主的风车

今天不上课，我正准备体验一下树袋熊一天睡 20 小时的幸福感，却被米粒的电话搅和了："别睡啦！你们怎么不学习优雅的长颈鹿，一天就睡 20 分钟。快来看我的新宝贝，快，立刻，马上！"

等我和高兴气喘吁吁地赶到米粒房间，她早就迫不及待地把宝贝摊在了桌上：小叶片、小窗户、小门，还有一些别的小零件。

高兴大惑不解："你叫我们来堆积木过家家吗？"

"这可不是积木，这是风车！我拼了半天，脑袋都拼晕了，也没拼出个结果，就把你俩当救兵搬来啦！"

在说明书的帮助下，我们三个臭皮匠，还真顶了个诸葛亮，不一会儿，一架精美的风车模型就诞生了。4 片长长的叶片嵌在圆锥形的小房子上，门跟窗户一样不少——如果我们能变成拇指姑娘一样大，就可以住进去喽！

"简直跟真的一模一样！我以前跟爸爸去荷兰旅游的时候，还和真的风车合过影呢！那可是些大家伙。"高兴两眼放光，动手摸摸这儿，碰碰那儿，米粒笑他像发现毛线球的小饭。

　　"这就是根据真的风车，按照 1 ：200 的比例造出来的。"

　　一圈巧克力色的栅栏环抱着风车底座，栅栏里还有两个小人儿，手牵着手，像是在跳舞。米粒打开她房间的窗户，风把窗帘吹得掀了起来，呼呼作响。在风的"咒语"下，风车模型的叶片居然转了起来，还越转越快，像 4 个小人儿在绕圈追逐。

　　不一会儿，风车模型内部的小灯泡慢慢亮了起来——哇，这是风车模型在借助风力发电呢！我想起看到过的风力发电站，就是靠风吹动细长的叶片，再用增速机加快旋转，来促使发电机发电，连微风都不会被浪费掉。如果城市都用风车发电，天空就不会被大烟囱冒的烟染得灰灰的了。

望着飞快转动的小风车，我的思维也没有闲着：以后在家里造个大风车，让它给我们家里所有的电器发电——这主意简直帅呆了！

科学小贴士

你见过转轴是竖的而不是横的、像旋转木马一样的风车吗？西亚地区最早的风车就是这样的，大约出现在公元7世纪的叙利亚附近。这地方风特别大，还总是朝着相同的方向吹，于是，聪明的人们面向着风，造出了早期风车。

以前，风车主要用来提水灌溉、研磨谷物。为了抵御海潮，荷兰人创造了9米高的巨人风车，用来抽水。正是这些风车勇士保障了荷兰三分之二的土地免受海潮威胁。所以，荷兰的海边屹立着很多风车，荷兰也因此被称作"风车之国"。

3月2日 星期五
孔明灯承载的愿望

　　元宵节的夜晚，公园的湖边挤满了人，点燃的孔明灯像一艘艘鼓足了帆的小白船，恋恋不舍地从地面扬帆起航，形成了一条忽明忽暗的光带，向夜空进发。米

粒说这是特大号厨师帽的夜游，高兴认为这是萤火虫星人的飞船大集结，浩浩荡荡去太空执行任务。

"看，孔明灯在湖里游呢！"一个小孩儿指着湖面大喊。哈，湖面像镜子一般，把夜空中的孔明灯都倒映下来，仿佛游动着一只只发光的水母！

我们三个也立马行动起来，用支架撑圆了孔明灯胖乎乎的身子。高兴跟米粒托起孔明灯的四个角，我"刺啦"划了根火柴，火苗一下子舔亮了支架中间的酒精块。孔明灯的四角吃饱了热气，呼啦啦地膨胀起来，圆圆的身体更加饱满。没一会儿，他俩就感受到了孔明灯的升力，像一只久睡苏醒的大白鸟，扑棱着要从猎人手中挣脱。

"感觉到了吧？它已经准备好了。"

"那我们放手吧！"

"三、二、一，放！"高兴和米粒几乎同时放手，孔明灯像脱离发射塔的慢性子火箭，晃晃悠悠地扶摇而上，追上了大部队的尾巴。天上的"灯河"越流越远，似乎要汇入银河广袤的怀抱。

"用这么美的方式来发出求救信号，古人真是的，连打仗都这么浪漫。"米粒发出感慨。

"可不是。不过现在不打仗了，孔明灯就变成'许愿灯'了。"

"对啊！对啊！你们知道吗，在客家，每盏孔明灯都代表一个去年降生的婴儿，可以保佑来年生活美满……"

在我们的讨论声中，孔明灯载着一个个闪烁的心愿，奔向遥远的夜空，最后只剩下一个个小光点，像一颗颗金色的小星星，对我们露出调皮又温暖的笑。米粒双手合十许了个愿望，却怎么都不肯告诉我，说讲出来就不灵验了。也许和青蛙王子有关？嘿嘿！

科学小贴士

孔明灯就像一个微型热气球，通过燃料燃烧使内部空气变热。灯罩里的空气受热膨胀，导致灯内空气密度不断变小。当孔明灯受到的空气浮力超过自身重力时，孔明灯就会徐徐上升。

放孔明灯，要选择无风的时候，并且要离树木、高楼、电线远远的，不然容易引发火灾，乐极生悲哦！

3月10日 星期六
飞吧，"UFO"！

都说"一叶落知天下秋"，今天，院子里的桃树上冒出了今年的第一枝绿芽，像蜗牛悄悄伸出壳的触角，似乎一碰就会缩回去。如果"一叶绿知天下春"，是不是意味着，我模仿堪察加北极地松鼠储藏食物的"冬眠计划"可以结束了？

　　做作业时，"春困"像坏朋友一样缠着我，诱惑我坠入睡梦空间。正当我寻找绳子准备"悬梁刺股"，高兴左手拿着一个风筝线轮盘，右手举着一个酷炫拉风的 UFO 风筝出现了！我立马扔下笔——老师说了，要劳逸结合！

　　一路上，商店门前彩旗飘飘，大约是适合放风筝的 3 级风。果然，广场上空风筝飞舞，将天空蓝色的脸装点得五颜六色，高兴说，这像极了米粒过生日时被我俩涂满奶油的脸。

　　可是，我和高兴拽着"UFO"气喘吁吁跑了半天，午饭摄入的卡路里都要消耗光了，风筝却闹起了脾气，赖在地上不起来。高兴认为它是嫌天上太挤了，我则琢磨是不是骨架太重了。后来，一个放长龙风筝的爷爷告诉我们问题出在了哪里：原来，我们刚才一直顺风跑，风筝能飞起来才怪呢！得逆着风跑，通过绳子的拉力使风筝和空气产生相对运动，获得向上的升力。就像飞机起飞，也往往是采用逆风起飞来减少滑跑距离。

我们按爷爷教的方法，一边逆风奔跑，一边轻轻收放线，

终于，"UFO"像刚学会飞翔的小鹰，晃晃悠悠上天啦！高兴很兴奋，还说如果线够长，也许风筝可以飞到对流层顶，这样就可以创造风筝飞行的高程世界纪录啦！我却觉得应该把风筝线剪断，因为听说风筝飘走可以带走烦恼——可高兴说，下次放我的风筝再剪也不迟！

我望着天空中各式各样的风筝，心里犯起嘀咕：如果真有外星人，看到我们的"UFO"，会不会下来打个招呼呢？

科学小贴士

在我出神时，高兴的"UFO"迷上了一只"花蝴蝶"——风筝线缠一块儿啦！这让我想起在潍坊国际风筝会上出尽风头的新家伙：高科技无线风筝，可以在无线遥控下尽情飞翔，再也不用担心被"尾巴"拖后腿啦！

古人称风筝为"鹞"，也有地方叫它"鸢"。风筝的祖先，是2400多年前墨子用木头制造的"木鹞"，飞在天上像只大笨鸟，虽然飞一天就坏了，但风筝却逐渐由中国飞向了世界，甚至推动了滑翔机和飞机的发明！在西班牙加那利群岛，每到播种的季节，风筝便会载着装有农作物种子的小布袋，飞向蓝天。人们等风筝升上天，便把线剪断，放飞种子，祈求丰收。也许下次放风筝时，我可以把100分的试卷拴在风筝上？

4月1日 星期日
创意"神灯展"

昨天是"地球一小时"熄灯日，我和爸妈度过了一个"黑色浪漫之夜"。在我也"幸运"地摸到臭袜子后，我感觉摸黑行动简直像走地雷阵，步步惊心；点蜡烛吧，也不环保。怎么办呢？我和米粒、高兴决定开动脑筋，每人研发一种有趣又节能的"光源"，开个"神灯展"——当然，不是阿拉丁神灯啦！

很快，夜幕降临，我们怀揣各自的秘密神灯，来到广场碰头。

"愚人节快乐！"米粒得意地举起了怀里的小饭，"看我的猫灯！"绿幽幽的猫眼凑上来，在离我 10 厘米的地方忽闪忽闪，简直"亮瞎"了我和高兴。可惜小饭不捧场，不一会儿就在米粒怀里"关灯"睡觉啦！

第二个展示的是高兴。他神秘地打开书包，掏出一个袖珍纸灯笼，里面透出朦胧的光。最神奇的是，这光还会动，从这儿爬到那儿的。

"给我看看。这里面装了什么？"米粒抱着小饭，恨不得长出第三只手。

"猜不到吧，是'冷光使者'——萤火虫！没有它，就没有日光灯。"高兴揭晓了谜底。

"拜托，萤火虫不是夏天才有吗？"我满腹狐疑，"莫非是被'温室效应'骗了？"

"什么啊！这是我爸去阿里山考察带回来的，那儿一年四季都有萤火虫。"

"好漂亮啊！但这光一会儿有，一会儿没，看得眼睛都晕啦！"米粒怀里的小饭配合地"喵"了一声，好像在说还没它的眼睛好使。

　　"是啊！而且成年萤火虫只能活几天，又没犯错，干吗关人家小黑屋？"我补充道。

　　"也对……"高兴不好意思了，挠挠脑袋，放飞了这些发光的小精灵。

　　终于，我的"神灯"该亮相了！我掏出一只大号放大镜，一张铝箔纸。

　　米粒乐了："你要寻宝吗？纸上画了寻宝图？"

　　我才不是寻宝呢！我把放大镜对着月亮，调整了一下角度，然后把铝箔纸放在放大镜下。于是，微弱的月光被放大镜聚焦起来，在铝箔纸的反射下，闪烁着银色的光芒。哈哈，我的光源虽然不是绿色的，但绝对够"绿色"！

　　米粒兴奋极了："哇！天才啊童童，你是怎么想到收集月光的？"

　　"因为我们做过用放大镜点火柴的实验嘛！月光是太阳光的反射，虽然亮度和热度不够，但原理还是一样的。怎么样，我的'月光神灯'很酷吧！"

"但这光线还是很弱呀！如果要看书，得用好大的放大镜才能足够亮吧？"高兴指出了收集月光的不足，"但这创意真棒，等你的'月光神灯'上市了，记得给我打折呀！"

科学小贴士

后来，我们又讨论出好多有趣的发光方案，比如，用奄美大岛的发光蘑菇做"蘑菇灯"啦，用深海"灯笼鱼"做"鱼灯"啊……下次，我们可以再办一场大型"另类光展"！而在美国亚利桑那州，有一座宏伟的镜状建筑物，这就是世界上第一个月光收集器——"星际光线收集器"。仪器将零散的月光汇聚在一起，供前来的游客享受一场"月光浴"。沐浴月光，不仅对工业和农业有帮助，甚至可以治疗抑郁症患者！想象你身处在一片皎洁柔美的月光之中，舒缓着每一寸肌肤，那该是多么梦幻而惬意的体验啊！

4月4日
星期三
荡啊荡，荡到月亮上

班上的小胖天天玩"切水果"和"愤怒的小鸟"，多没意思！想想古人，没有电子产品，照样活得多姿多彩。于是，一个伟大的计划诞生了：前有但丁、彼特拉克、薄伽丘作为"文艺复兴"的先驱，后有童晓童、皮尔森、范小米作为"娱乐复兴"的倡导者。我们的口号是：玩味古代娱乐，探索科学快乐！

据我们所知，古人在春天里进行的娱乐活动可多呢，比如踏青、蹴鞠、放风筝……但你知道吗，荡秋千也是古人热衷的一项娱乐活动。正好，小区里添了新成员——木秋千。让我们用荡秋千吹响"娱乐复兴"的号角吧！

可是，米粒脸上却写满了郁闷，因为考试看错了一个小数点。用她的话说，心情像路灯下秋千黑乎乎的影子。我一本正经地安慰她："新闻里说，有位狗主人为了让狗狗开心，带它去公园荡秋千，结果狗狗开心得咧嘴笑。秋千连狗狗的抑郁都能治好，肯定也能治好你的！"

　　"好你个童晓童，竟把我和狗相比！"话音未落，米粒手里卷成筒的卷子就敲了过来。我夸张地嗷嗷叫疼，成功引来了高兴的拔刀相助："米粒，别听他瞎说。不过，你不是晕车吗！荡秋千可以锻炼前庭器官的耐受性，提高平衡能力，克服晕车哦！你要不要试试？"

　　米粒荡秋千的兴致一下子被勾了起来，她利索地爬上秋千，抓住吊绳扭来扭去，可秋千却像没了劲儿的钟摆，怎么也荡不起来。

　　"你们帮帮我嘛！"米粒不满地嘟起嘴。我和高兴相视一笑，喊了句"一、二、三！"，共同为米粒献上"一臂之力"。伴随米粒的一声尖叫，秋千迅捷地蹿了出去，风呼呼地托起她的长发。我和高兴一次次加力推送，在动能和势能的不断转化下，米粒乘着秋千越荡越高，似乎要荡到树梢上。

　　高兴看得直发呆，说如果米粒怀里揣只兔子，简直就是嫦娥奔月嘛！我却在琢磨，如果没有空气阻力，米粒就会一直荡下去。那样的话，高傲的米粒公主就只能哭丧着脸，求我们停住秋千放她下来啦！

　　月亮也注视着高高荡起的米粒，像看一只努力摘月的小猴。我的脑细胞又活跃起来：如果能造出几十万千米高的秋千，在超人大力士的推动下，米粒是不是就能荡到月亮上，去探索神奇的环形山了？

科学小贴士

　　目前，世界最高的秋千在俄罗斯索契。尽管离荡上月球还差得很远很远，但当荡到170米高空的时候，还是足以让很多人双腿发软啦！还有一种新奇的"能源秋千"，能将荡秋千时人做的功转化为能源。人们一边荡着秋千，一边听美妙的音乐从秋千顶端的八音盒飘出，该多么惬意！宋代的"水秋千"是一项勇敢者的游戏。表演时，高高的秋千架设在精美的大船上，船下是汹涌的河水。表演者在秋千上表演各种动作，最后靠秋千荡起的惯性腾空跳起，翻着跟斗跃入水中，既惊险无比，又十分优美。它不仅是现代跳水运动的前身，而且对杂技的发展也影响深远。

4月6日 星期五
"飞鸟号"？ "鹌鹑号"！

下课铃声以 340 米每秒的速度叩击我们的耳膜，真是比贝多芬交响曲还好听！我们以光速六千万分之一的速度冲向操场，那里正在举办校园选拔赛，优胜者可以参加纸飞机世界锦标赛，还有机会和纸飞机滞空项目世界纪录保持者户田拓夫合影呢！

作为赛前热身，我掏出一张写满运算的稿纸，三下五除二将它变身为一架"尖头机"，取名"飞鸟号"，想让数学符号乘风飞翔一番。可它却不争气，懒洋洋地晃了两晃，便性急地"着陆"了。难道数学运算太难，把纸飞机也搞晕了？

米粒捡起纸飞机，说我被风捉弄啦！顺风飞不容易产生向上的升力，得稍稍逆着点儿风，升力对抗着重力，再加上推力的支持，纸飞机才能展翅高飞。只见她逆着微风，轻轻一投，"飞

鸟号"嗖的一下蹿了出去。正当我要为米粒的英明决策欢呼时，纸飞机再次不争气地落了下来，气得米粒说它应该改名叫"鹌鹑号"！

高兴露出大师传授秘籍的神情，说"鹌鹑号"缺少了他的"仙气"，当然飞不起来。只见他对着"鹌鹑号"的尖尖脑袋哈了口蒜味儿"仙气"，再将它发射出去。

嘿，神了，"鹌鹑号"似乎被蒜味儿"仙气"打了助推剂，悠悠地在天上转了个圈，再优雅地落在了草坪上！我和米粒都震惊了，难道真是"仙气"给了"鹌鹑号"飞翔的魔力？高兴得意扬扬，一不小心揭了"仙气"的底：原来尖头机脑袋轻，哈一口气能使少量水汽附着在机头，重心前移，纸飞机才能飞得更稳——果然，脑袋有料才能行千里，哈！

可当正式比赛时，"飞鸟号"又变回了"鹌鹑号"，"仙气"不灵了！老师看我们哭丧着脸，告诉我们，要想"鹌鹑号"飞得远，还得给它的骨架动动手术——至少，纸不能是皱巴巴的草稿纸，翅膀也得对称吧！

科学小贴士

我们写信给户田拓夫问纸飞机长时间飞翔的秘密，他居然寄来一架精致的纸飞机，上面写着他的秘方，例如折叠尽量使重心靠前，机翼微微上扬呈"Y"形，尾端向上微折，投掷不能太用力……虽然没去成锦标赛，但这封回信真是比合照还珍贵！高兴更是把这纸飞机当宝贝，天天拿着在女生面前晃，差点儿被老师没收啦！目前，纸飞机飞行时间最长的吉尼斯世界纪录是29.2秒，最远的纪录是77.134米。见识最广的纸飞机当数英国纸飞机爱好团队的宠儿啦，它乘着氮气球从海拔27307.39米的高空放飞俯视大地，真是最幸福的纸飞机！

4月14日 星期六
宠物狗比赛

　　妈妈抱着开发琥珀潜能的美好愿望，为琥珀报名参加了宠物狗比赛，谁知训练琥珀的苦差事却丢给了我！虽然锻炼6块腹肌的计划泡汤了，但我全身639块肌肉却意外地忙活着，体脂率直线下降，脑细胞也阵亡了不少。琥珀倒是好吃好喝，那双琥珀色的眼睛越发精神了！

　　比赛的日子终于到了！米粒和高兴也来给琥珀加油助阵。体育馆被"汪星人"霸占，各种频率的"汪汪"声在馆内撞击出巨大回音——想必世界纯种犬博览会也不过如此！高大的杜宾犬蹲坐着比我还高半个头，趾高气扬地瞪着琥珀；吉娃娃像毛绒玩具被主人捧在手心，被琥珀嗅过来的大鼻子吓了一跳。高兴说，幸好世界上最重的狗没来，不然它150千克的体重怕是要把场地砸出个大坑。米粒说，她以后要养世界上最轻的狗，出生一个月只有 35 克，像个小鸡蛋，这样就不能欺负她的小饭啦！

　　比赛第一项是形象展示。琥珀看起来信心十足，一副"不拿一百分就不叫琥珀"的神态，不停地以自己引以为傲的琥珀色眼睛冲评委"放电"。可评委不买账，说形象展示可不光是"以貌取狗"，还要带狗狗跑场，考验狗狗的性格。我掏出用骨头汤浸过的小球，领着不停咽哈喇子的馋嘴琥珀跑了一圈，第一关便顺利通过了。

第二项比赛是指令服从，这可是展现真本事的时候啦！随着"坐""躺""滚"指令的发出，琥珀化身为大型智能毛绒玩具，做出各种逗人姿态。这成果可是我用一个月的零花钱换来的：每次琥珀按照指令做对动作，就奖励它最爱的牛肉干！时间久了，只要我一喊出那个字，琥珀就会条件反射地流着哈喇子照做，这就是食物奖励法的成果，惩罚很难达到这种效果哦！

可意外总像个难缠的坏朋友，时不时跳出来捣个蛋——当我喊"手"时，琥珀并没有伸出爪子，而是凑过来闻了闻我的手，舔了起来，一脸期盼和无辜，可怜兮兮的样子把观众和评委都逗乐了。"不是我的手，是你的手。"可琥珀不听我的解释，反而用鼻子拱着我装牛肉干的口袋，摇起了尾巴！我只能妥协，看琥珀在赛场上狼吞虎咽。

没想到，琥珀最后摘得了"最受欢迎的狗狗"奖。看着琥珀在闪光灯下聚焦的小眼神和嘴角的牛肉屑，我决定启动第二阶段的训练——给琥珀减肥，改改它贪吃的毛病！

科学小贴士

大家都知道选美大赛，但你知道有世界最丑宠物犬大赛吗？这些陆续被评出的最丑的狗狗，不仅个个名实相符，还"丑名远扬"，有专属网站，甚至经常出国，待遇令高兴都眼馋呢！但其实，世界上的狗狗都是4万年前到1.5万年前早期人类驯化的狼的后代，有些狗狗还保持着狼的习性呢！所以要当心哦。在芬兰，为了防止狗狗成为野狼的"盘中餐"，带电的狗用背心应运而生。1000伏的电击使所有垂涎三尺的狼都望而生畏。这样，宠物主人就再也不用为狗狗的安全忧心啦！

4 月 18 日
星期三
美味的橡皮泥

　　高兴中午肯定没吃饱，不然，他怎么会在历史课上捏好吃的：橡皮泥冰激凌、橡皮泥汉堡、橡皮泥烤猪……高兴还在投入地捏着。结果，历史老师"人赃俱获"，不但批评了高兴，还把那些"美味"统统锁进了他办公室的抽屉里。

　　高兴的心情，就像从寒武纪生命大爆发时期一下子跌到了冰川时代，一下午都蔫蔫的。米粒建议我买一盒新橡皮泥来拯救高兴。可是我的零花钱都用来买牛肉干，被琥珀吃掉啦！

　　但是这种问题怎么能难倒我，不一会儿，一个既省钱又好玩儿的点子就蹦了出来——自制可以吃的橡皮泥！

"吃泥巴？那不是非洲人的传统吗！"米粒听了我的主意，眼睛瞪得像夜晚时的小饭。

"我说的不是西非那些泥棒泥饼，是不仅能吃，而且好吃的橡皮泥！"我举起右手，信誓旦旦地保证。

放学后，米粒和高兴来我家吃"橡皮泥"。我们用搪瓷碗装了半碗水，给半斤白花花的面粉做了个水浴，又搅拌进三勺盐和一勺花生油调味。我洗干净手，吼了一声"乾坤——大挪移"，便把双手伸进碗里，酷酷地揉

了半天，直到面团滑溜溜、软绵绵的，不再黏着手指不肯下来。我把面团揪成三份，点了几滴妈妈做烘焙用的食用色素，再揉搓几下，红黄蓝三色"橡皮泥"就大功告成啦！

最后，米粒捏了一只蓝兔，高兴做了一根巨无霸热狗，而我造了一架彩色战斗机！从烤箱里

端出烤得嘎嘣脆的"橡皮泥",高兴一边大嚼特嚼,一边欢呼:
"好香!好好吃!"我和米粒偷偷交换了一下眼神:哈,我们
乐呵呵的高兴又回来啦!

科学小贴士

　　橡皮泥诞生于1956年,从一开始的灰白两色,到现
在的五颜六色,甚至有夜光和香味,可以在小小的掌心千
变万化,已经成为小朋友们爱不释手的宠儿。橡皮泥不仅
可以玩,还可以通过定格动画技术拍成动画片,在屏幕上
和大家见面。英国的《超级无敌掌门狗》是世界上著名的
黏土动画,获得过奥斯卡最佳动画短片金像奖的殊荣。

　　店里卖的橡皮泥主要成分是碳酸钙,吃了可是要闹肚
子的!只有自己做的面团橡皮泥才能变成美味佳肴。爸爸
说,他小时候喜欢用泥巴捏果子,有一次没忍住,咬了一
口,结果嘴里全是泥沙——虽说泥巴里有丰富的微量元素,
但不是所有人都能像非洲人一样甘之如饴的。

4月21日
星期六
嘿，上钩啦

今天是个难得的好天气。妈妈为了捕捉创作灵感，决定带上我们三个淘气包去野外钓鱼。这主意真是比天气还棒！

妈妈把钓竿分给我们，教我们把蚯蚓穿在鱼钩上。米粒眼尖，发现鱼钩不只是把小铁丝给掰弯，上面还有一根小倒刺，能让上钩的鱼难以挣脱。这让我想起上次研究蜜蜂采蜜时，被蜜蜂小护士"打了一针"，蜜蜂的螯针上就有小倒刺，钩在肉里可疼了——或许，鱼钩倒刺的发明者也招惹过蜜蜂？高兴一边清

理着粘裤腿的苍耳，一边说这些翠绿的小倒刺似乎更具有启发性——因为鱼钩发明者被苍耳"骚扰"的概率比被蜜蜂蜇大多了。

鱼钩随着钓鱼线抛出的弧线跳入湖里，我们在湖面撒上面包屑，引诱着贪嘴的鱼。望着在浮力作用下悠闲泡澡的鱼漂，我想起曾经去小溪里拜访的青蛙——如果把计数器带来这儿，说不准能发现1500种生物吧？

突然，鱼漂好像动了一下。有鱼？我赶紧收竿，到嘴边的欢呼却溜回了肚里——不仅没有鱼影子，蚯蚓也在我分神时成了鱼的小点心！看来钓鱼果然是件既"放松心情"，又得"集中精神"的事，可以把神经锻炼得张弛有度。难怪瑞典钓鱼协会开了家"钓鱼诊所"，帮助神经衰弱的病人恢复健康。

我决定收起漫无边际的神游，专心致志做个"渔

夫"。但是鱼儿不买我的账，转身投奔了高兴。只见高兴吃力地握着弯成弓状的钓竿，大喊着："鱼要把我钓走了！"我连忙加入高兴的"拔河"队伍，妈妈则指导我们不要硬碰硬，而要沿着湖岸"溜鱼"。不一会儿，鱼就缴械投降，不甘心地上了岸！

高兴也算是个"壮汉"啦，拉不起一条鱼太掉价了。还是妈妈替高兴正了名：因为钓竿属于费力杠杆，动力臂比阻力臂短，稍大的鱼就能使人费好一通力气。但费力杠杆可以节省距离，只要抬一抬手臂，一般的小鱼就会飞上岸啦！

科学小贴士

《诗经》里有中国最早的关于竹制钓竿的文字记载："籊籊竹竿，以钓于淇。"想不到吧，早在春秋战国时期，人们就已经开始享受垂钓的乐趣了！在美国的俄克拉何马州，钓鱼是一项很受欢迎的活动，但钓竿却少有人买。为什么呢？原来，那儿的人们喜欢戴上棉皮手套，把拳头伸进水里当诱饵，钓那些体肥带刺、牙齿锋利的大鲇鱼。想想那些鱼的血盆大口……这真是勇敢者的垂钓！日本小豆岛也有个奇怪的习俗：钓鱼结婚。除非新郎新娘在同一天各自钓到一条800克以上的大鱼，还必须得是同种鱼，否则只能推迟婚期。看来在那里，结婚也是件"碰运气"的事呢！

5月5日 星期六
好玩儿的碰碰车

被爸爸从床上拉起来可真不好受，尽管人的神经反应只需要一瞬间，可我总觉得，大脑发出"睁开眼睛"的指令至少得花5分钟才能送到眼皮。

"今天不是说好要去开碰碰车吗？"听到爸爸这句话，我的睡意瞬间烟消云散。梦里那些飘浮在空中的鱼、潜艇模样的宇宙飞船、会做作业的超级电脑，全被碰碰车取代了。

"高兴他们都来了，就等你了。"爸爸的催促声又从厨房里传了过来，同时飘来的还有香喷喷的气味分子——葱油煎蛋饼的味道！

因为我不争气的眼皮耽误了几分钟，我们多排了半小时的队。高兴倒是一点儿都不介意，说碰碰车要人多才好玩嘛！正所谓"英雄所见略同"，我也是那么想的。只有米粒噘着嘴巴，还在向我抗议。

"别噘啦，当心噘成食蚁兽的大长嘴！"

"那我也要用大长嘴把你这只懒惰的蚂蚁吃掉！"

等我们坐上碰碰车，系好安全带，烦恼都靠边站，满脑子只剩下兴奋了！高兴平时反应最慢，开起碰碰车却灵活得像珊

瑚间的小鱼，左闪右躲，敌方火力根本伤不到他半根毫毛！米粒则乱了阵脚，在原地跳起了"旋转芭蕾"。我跟高兴得为她去保驾护航了，谁叫我们是三人组合呢！高兴负责吸引"火力"，不时被撞出"砰砰"声。幸好碰碰车外层包裹着厚厚的橡胶，起到了很好的减震效果——不过，高兴的脂肪也是一道很好的减震带呢！

结果就是米粒还没从角落里转出来，我们就集体"阵亡"了。

5 分钟的碰碰车之旅实在太过短暂了，似乎就在眨眼之间，这也许就是快乐多巴胺和大脑开的玩笑吧！

　　米粒把她的失败归结于这次碰碰车大变样了——脑袋上没有了天线！原来这些碰碰车都是新生代，靠电瓶提供电能，由电动机驱动；而不是像传统碰碰车那样依靠头顶的"天罗地网"，由天花板上的电网通过细细的天线来提供电力。闪闪发光的"电火花辫子"没了，漏电等安全隐患也就大大降低了！

科学小贴士

　　20 世纪初，碰碰车来到世上，成为孩子们的新宠，到现在它已经 100 多岁了，比所有小朋友的年纪都要大哦！碰碰车不像小汽车，一般是没有倒车装置的。如果不小心被挤到角落里，也不用着急，只要反方向猛打方向盘，就能摆脱困境重返沙场啦！

5 月 16 日
星期三
小陀螺，转转转

　　"杨柳儿青，放空钟；杨柳儿活，抽陀螺；杨柳儿死，踢毽子……"这些天，教室里不刮东西南北风，而是刮起了一阵"陀螺风"。一下课，陀螺们就从书包、抽屉等藏身处钻出来，在地上开联欢会，像一群小龙卷风。如果说蝴蝶在巴西拍拍翅膀，一个月后美国的得克萨斯州就会卷起风暴；那我们的小陀螺，岂不会让大西洋巨浪滔天？

　　米粒最喜欢她的手捻纸陀螺，还叫它"贝贝"，因为它转起来像一片跳舞的扇贝。但只靠米粒那两根纤细的手指，身板小小的贝贝显得弱不禁风，总是被班上大胖的发条"陀螺王"欺负，挤到角落里。毕竟，手指摩擦提供的动力，比发条联动的机械力小多啦！而高兴明显是有备而来，要替米粒"报仇"——哈，一只原始木陀螺！高兴叫它"大木将军"。只见高兴娴熟地用棉绳卷起陀螺，用力向地上一甩，同时扬起鞭子，像驱赶着战马。只听"啪"的一声鞭响，鞭子顺势抽在陀螺上，惹得女生们发出一片尖叫声——高兴为了这潇洒的一鞭，可是刻苦

练习了一个礼拜呢！鞭子抽得稳准狠，才能靠摩擦力给"大木将军"提供充足的战斗力。大胖不服气啦，用"陀螺王"去挑衅"大木将军"，却被反作用力弹得栽了跟头。要知道"大木将军"的木质身体比塑料"陀螺王"密度大，厚重的"内涵"使它稳如泰山。

就在高兴以为新任霸主非"大木将军"莫属时，我来了个"螳螂捕蝉，黄雀在后"，掏出了爸爸送给我的高科技武器——电磁陀螺"黑旋风"！我故意卖关子，要和高兴比一比，看谁的陀螺转得久。结果，高兴累得气喘吁吁，哭丧着脸看"大木将军"变成了"倒木将军"，我的"黑旋风"却还在优雅地做着自转运动。

原来，"黑旋风"是磁铁身躯，在转过藏有线圈的底盘时，感应电流就会悄悄产生，使线圈"感染"上与陀螺相同的磁极，通过同性相斥的原理使"黑旋风"不停旋转。在电磁"魔法"的驱动下，"黑旋风"能够周而复始地旋转，是当之无愧的陀螺霸主！

科学小贴士

中国是陀螺的家乡，从陀螺诞生到现在，已经有四五千年啦！甚至，在山西夏县新石器时代的遗址中，就出土了石头做的陀螺！想象一群远古人类茹毛饮血，玩着石陀螺……真是太有意思啦！陀螺在我国的老名字叫千千。19世纪，法国物理学家博科正式将"陀螺"作为术语。而在英语中，"陀螺"就是指"回转体"，比如公园大爷玩的空竹，杂技团哥哥的飞盘，甚至是美丽的旋转芭蕾舞……这些都属于"回转体"。如此说来，从小小的原子，到大大的地球，都可以算是陀螺家族的成员呢！

6月1日 星期五
3D 宇宙大漫游

今天是国际儿童节，高兴诗兴大发，编了个超棒的绕口令："在世界为了将小孩从战争中拯救出来的节日里，学校将我们从作业中拯救出来，带我们去看将影像从荧屏中拯救出来的3D电影。"记得小时候看电影，我想和屏幕上的人握手，却被爸

爸当成饭后笑话。但正如世界首部 3D 大片《非洲历险记》宣传的，那种"狮子卧在你腿上"的感觉真是妙不可言。想到这儿，我恨不得把脚变成蜂鸟的翅膀，一秒钟迈 50 步才过瘾。

　　进了影院，我和米粒、高兴迅速占领阵地。平时老师总是说，我们就是三块磁铁，走哪儿都吸在一块儿。我们倒觉得自己更像是三只珊瑚虫，既相互区别又"骨肉相连"，一起搭建我们的科学城堡。

　　灯灭了，激动人心的时刻到了！咦，这电影好奇特，里面的人不仅不立体，反而像印刷错误的图案，带着重影，有四只眼睛两张嘴。直到米粒坏笑着掏出藏起的物件，搁到我脸上，我才意识到竟然忘了戴 3D 眼镜！还好爸爸不在，不然饭后又有新笑话了。

　　电影高潮部分是宇宙大爆炸，随着"轰隆"一声震响，137亿年前的一个致密炽热的奇点像超级大烟花般爆炸，无数的火舌扑面而来，让我感到自己的脸都快被烤成肉饼了。要是能把这么棒的屏幕搬回家去该多好，我就给琥珀戴上 3D 眼镜，来一

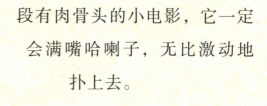

段有肉骨头的小电影，它一定会满嘴哈喇子，无比激动地扑上去。

灯亮了，我们却还不想从 3D 世界"穿越"回现实。

为了揭开 3D 电影的神秘面纱，我们来到放映室。放映室的叔叔满足了我们的好奇心：原来，3D 电影是利用人双眼的视角差和会聚功能制造立体效果。简单说，就是因为人双眼看到的东西有视角差，所以拍摄的时候用两台机器来模拟人的左右眼，播放时再把两个画面叠加起来。要是没戴 3D 眼镜，这两个画面没有经过眼镜的折射而重新组合，就难免会把里面的人物看成四眼怪喽！

要是拍很近的景物，比如高兴养的豚鼠身上的跳蚤，那两个摄像机就要离得像苍蝇眼睛那么近，这个叫"昆虫眼"；如果要拍远景，两个摄像机就要分开得像巨人的眼睛那么远，叫作"巨人眼"。

回家的路上，米粒蹦出一句："你们说要是太阳爆炸了，我们该怎么办？"高兴有些不以为然，我也觉得米粒纯属杞人忧天。那时的人类说不定早就搬到别的星系去住，还跟外星人交朋友了呢！

科学小贴士

3D环绕立体声系统巧妙模拟人的耳郭效应，只靠两只音箱，就可以模拟出水平270度、垂直60度的立体听觉效果。而这么大的声音，为什么在影院里听不到回声？原来，影院从地面到墙壁都覆盖着吸音材料，它们就像饥饿的精灵，把声音都吸收掉啦！米粒提议，下个周末我们一起去看3D电影的兄弟——4D电影，不仅声画立体，还有震动、吹风、喷水、烟雾、气味等效果。她还笑着说，如果高兴出现在屏幕上，也许会飘出薯片味儿呢！

6月8日
星期五
"高兴大师"的魔术秀

今天，老师组织了一次班级活动，高兴成了我们班的磁场中心，被大家团团包围，连邻班的同学都赶来看热闹。难道高兴又打开了他的零食宝库？错啦，他正穿着奶奶送给他的魔术袍，挥舞着魔术棒，在讲台上表演魔术呢！

"咳咳，安静！安静！女士们、先生们，今天，我，高兴大师，要献上三个精彩的魔术：水点燃的纸、烧不焦的布、看不见的字。想看的就来点儿掌声吧！"高兴有模有样地一挥魔术棒，同学们被他的热情感染，都使劲儿鼓掌，一双双期待的大眼睛盯着高兴。

高兴从一个玻璃瓶中夹出一张浸泡在煤油里的白纸（据称

是为了助燃），放在准备好的小铁盆里，以防待会儿暴脾气的火苗蹿出来兴风作浪——那可就不妙啦！接着，他从饮水机里接了一杯水，对着水叽里呱啦念了通"咒语"，然后优雅地啜了一口，往纸上一喷——哇，只见白纸迅速冒起一股烟，蹿出一团火，不一会儿就烧成灰啦！

见大家还没回过神，高兴又从魔术袍里扯出块小手帕，装作陶醉地嗅了嗅绣在上面的梅花，惹得大伙儿笑成一片。突然，高兴又变回严肃的包公脸，说要用火对梅花进行"烤验"。说罢，他用打火机点燃了手帕一角，丢进铁盆里，蓝色的火焰很快包裹了小手帕。在大家紧张的注视下，火在铁盆里渐渐熄灭了，可手帕竟然完好无损！

魔术勾起了同学们的好奇心，纷纷跃跃欲试。高兴忙摇摇头说："这可不是好玩儿的，没有老师或家长在旁边指导，你们不可以乱来，安全第一呀！"

最后的重头戏来啦！高兴拿出一张大白纸，让大家随便检查。大家你传给我，我传给你，也没发现什么异常。传看了一圈后，高兴把纸贴在墙上，掏出一小瓶喷雾剂，说是什么孙悟空的"无处遁形水"，在白纸上一通狂喷。很快，神水就发挥作用了，白纸上的字显露了真身：哈哈，是高兴整理的英语复习资料！大家愣了片刻，接着便爆发出热烈的掌声，纷纷要拜高兴为师。小胖连鼻涕都忘了擦，也使劲儿鼓掌，把手拍得通红，缠着高兴要"无处遁形水"，说要用来打小抄。可高兴耸耸肩，遗憾地告诉小胖，说神水只听他的话。

　　后来，高兴偷偷告诉我和米粒关于这几个魔术的秘密：原理其实很简单，第一个魔术的白纸的背后粘着一小块金属钠，钠可以存放在煤油里，遇水则放出大量的热，纸就不点自燃了；第二个魔术的布用水浸湿后，表面洒了些酒精，燃烧的只是手帕表面的酒精罢了；第三个魔术就更简单啦，那些字都是高兴事先用米汤写上去的，神水其实是碘酒，碘酒遇淀粉变蓝，谁都懂嘛！但在高兴神乎其神的表演下，大家都忘了这些简单的原理，折服在高兴大师的小把戏下啦！看到这里，你也许想一试身手，但千万要注意安全啊！

科学小贴士

　　魔术是一门"制造奇迹"的艺术，虽然看起来不可思议，背后却是有科学撑腰的。魔术还是一门"大杂烩"艺术，心理学、化学、数学、物理学、表演学都是它的好朋友。特别是电视里那些大型魔术，真是奇妙的视觉盛宴！在4000多年前的古埃及，魔术已经悄悄萌生。在古老的壁画上，人们拨开时间的尘埃，看见了魔术的鼻祖"杯与球戏法"。中国的魔术也诞生很久啦！从三国时期的《钓鱼》，到明清时期闪烁世界魔坛的《九连环》，再到高兴的即兴小魔术，都见证着魔术的成长。然而，魔术的发展并非是一帆风顺的，15世纪中叶到16世纪，魔术一直被笼罩在宗教迫害的阴影里，被当作巫术，保守秘密的魔术师甚至会付出生命的代价！为了保护魔术师，1584年雷吉诺·史考特创作了第一本英文魔术书籍《巫术探索》，许多魔术的"秘密"才真正为公众所知，魔术师也脱离了被烧死的命运。

6 月 30 日　星期六
惊险刺激的过山车

　　放假的第一天，我和米粒、高兴决定去新建不久的游乐园玩，好把大脑从那些枯燥的数字和字母中拯救出来，最好是像电脑一样来个临时格式化，等新学期再恢复数据。

　　米粒对旋转木马情有独钟，宣布只有最高贵的白马才配得上她的公主气质！高兴一听没憋住笑，满嘴的爆米花像天女散花一样喷了出来，给米粒洗了个"爆米花浴"。这下可好，米粒公主变成了爆米花公主啦！爆米花公主气急败坏，伸出"螳螂拳"要揍高兴，高兴急忙使出一招"黄雀护体"。我正打算看一场"雀虫大战"，突然一阵惊天地泣鬼神的尖叫声传来，把米粒

和高兴都吓"定格"了。我循声望去，只见一群人正驾着过山车在蓝天上穿梭！

　　过山车一停下，我们仨就以百米冲刺的速度跑过去，占据了"龙头"宝座。高兴有点儿胆怯，紧攥着安全护栏，仿佛眼前九曲盘旋的轨道是解不出的数学题。如果用相机"咔嚓"下此刻的高兴，一定好玩儿极了！

　　接下来的经历真比电影里还刺激！到达轨道最高点后，我们从高空疾速冲下，像老鹰扑向地面捕捉田鼠，忽而又转了个圈，大头冲下，脚跑到了头顶上，尖叫声汇成了交响曲，而世界则倒着脑袋看我们的笑话呢！而我则一点儿也不担心自己会掉下

去，因为我知道，过山车在做
大回转的时候，从轨道
最高处滑下，势能会
转化为动能，速度加
快，产生的惯性会把
人和过山车紧紧"压"
在轨道上，人就不会掉
下去了。

　　整个过程我
都不肯闭眼，生
怕自己错过哪个
精彩的瞬间。可
惜正常人每两到三秒
就要眨一次眼，每次眨
眼都要错过至少 0.2 秒的风景。就算这样，我还是发现米粒尖叫
时嘴巴张得特别大，仿佛是陆地上的"大嘴巴"冠军——河马，
以后要不要叫她河马公主呢？至于高兴，一直都没敢把眼睛睁
开，一下过山车就蹲到角落吐去了。吐完我们都心疼他那惨白
的脸，而他却在心疼自己没消化的爆米花！

科学小贴士

　　美国的拉马库斯·阿德纳·汤普森是过山车的"老爸"，曾注册专利并制造过数十个过山车，也被人们尊称为"重力之父"，多亏了他，我们才能有这番惊奇的体验。高兴说，早知道这么惊险，就不坐龙头坐龙尾了！哈，那就更有意思了。龙尾是过山车上最"刺激"的位置，在加速度的驱赶下，跨越最高点的速度比其他位置都快，快得就像要被抛出去啦！不过，过山车虽然看起来惊险，它的安全性还是很高的啦！

7月7日 星期六 打水漂儿

今天一大早，高兴就来叫我跟米粒一起去钓鱼。搞没搞错，天上的太阳正火辣辣地烧烤河滩，鱼儿们早就沉到河底去乘凉了。可高兴表现得很固执，坚持要去河滩上玩。原来，他不是为了钓鱼，而是昨天跟邻班的同学比赛打水漂儿输了，找我们当陪练呢！

打水漂儿可是个古董级游戏啊，从我爷爷的爷爷的爷爷，就开始玩儿了。高兴说，何止是中国，其他很多国家的人都爱玩这个。高兴野心勃勃，还说他已准备改写由美国人库尔特·斯坦纳创造的世界打水漂儿纪录——好家伙，据说那人扔出的石片在湖面上跳跃了88下！

我和米粒躲在树荫下，看高兴蚂蚁搬家似的忙活，捡来很多扁平的小石片，看来他对打水漂儿还是做了功课的。因为，就像叶子比弹珠更容易漂浮，越是扁平的石片，跟水面的接触面积越大，对水面的压强就越小，就越不容易沉下去。

　　高兴挑了一块石片，压低身子，向右倾斜，拇指跟食指捏紧石片，用力向河面掷去。石块欢快地跃上河面，接着又弹了起来，疾速向前，像破浪前行的飞鱼，可惜只奋力跳跃了两下，就动力不足了——这只"飞鱼"一定是熬夜赶暑假作业了。

　　嘿，看我的！我挑了片超薄"幸运石"，眯着眼调整角度，在"发射"瞬间，同时加入了手腕旋转的动作，让石片像飞盘一样旋转起来。哈哈，成功了！我投出去的石片在水面上跳了 6 下。

　　高兴看到后两眼放光，问我要

"水上漂"的秘籍。谁叫我们是铁哥们儿呢！其实，石片能在水面上起起落落，是因为石片掠过水面时，带动了石片下方的水流，贴近石片的上层水流流速加快，压强变小，而再下面的水的流速相对较慢，产生的压强大，于是，上下的压强差产生一个推力，可以把石片推出水面，这样循环两次、三次……直到石片的运动速度慢到带不动下方的水流，它就"退隐江湖"了。而我出手时转动手腕，则是为了让石片转得更快、更久。

高兴仿佛是醍醐灌顶，打水漂儿的技术大大提高，掷出的石片最多一次跳了7下！为了不让一下午的训练成果"打水漂儿"，他决定趁热打铁，明晚就下战书，再振雄风。米粒为了提升我们的战绩，也嚷嚷着说，出手角度与水面呈20度是打水漂儿的黄金夹角，同时不停纠正我们的投掷姿势。不过，轮到她上场时，战绩从没有超过3下的，大多都直接"咕咚"一声，沉入水底。看来，米粒是"水上漂运动"的理论派，不是实践派！

科学小贴士

　　打水漂儿不仅是好玩儿的游戏，它的原理还被用于军事和航天技术。海军飞行员在超低空发射炸弹，炸弹可以像打水漂儿一样，在海面弹跳，准确地击中敌军战舰。科学家们发现，当航天器从太空返回地球、进入大气层时，如果回家路线和大气的接触角度太小，航天器就会像打水漂儿的石片，被弹回太空。看来，科学家们得多多琢磨琢磨打水漂儿，别让航天器在回家路上真的打了水漂儿啊！

7月15日
星期日
沙漠的回忆

今天在课外书上看到了一篇关于沙漠的文章，我不禁回想起我去年的沙漠之行。记得那个晚上，我本打算诗意一下，出去仰望星空，穿着短袖便钻出了帐篷。结果，差点儿被冻成童童牌冰棍！唉，我怎么忘了，沙漠是个升温快、降温也快的急性子，"早穿皮袄午穿纱"的两面派，日温差可以达到50摄氏度！别看白天那么热，晚上还是乖乖待在羽绒睡袋里睡觉吧！

第二天早上一觉醒来，已经是上午9点，太阳公公在云后眯眯笑。我叫醒高兴和米粒，提议趁着沙子温度刚刚好，不冷不热，好好享受一番沙浴！米粒听了十分兴奋，说起在节水日送我的沙包——哈，别提了，那点儿沙子，应该送给高兴的豚鼠！

这回，米粒也不计较什么"女士优先"了。我和高兴平躺在沙地上，米粒拿着小铁锹，一铲一铲把沙子盖在我俩身上。高兴一直笑，说沙子弄得他直痒痒。我放松身体，享受沙子滑过皮肤的感觉，哇，比洗桑拿还舒服！米粒拿来爸爸的相机，把我们的沙浴照留在胶片里，还笑我们像躲猫猫的鸵鸟。什么嘛，鸵鸟遇到危险就会把头扎进沙子里，这种说法根本就没有科学依据！

　　可惜，不一会儿，沙子就烫起来，我和高兴只能"出浴"。不然，也许会变成"砂锅肉"？

我和高兴伸伸手，扭扭腰，感觉神清气爽。尤其是我昨天下骆驼扭到脚踝，之前还隐隐作痛，现在居然好多了！原来，沙漠里的沙子天天接受日光浴，富含磁，刚才的沙浴变成了磁疗；在沙子热热的敷烫下，血液也顺畅了，小伤自然也好得快了。

中午，爸爸像变戏法，从沙子里挖出几枚熟透的鸡蛋！天哪，爸爸说，沙子已经有60摄氏度了，变成了天然煮蛋器。吃着香喷喷的鸡蛋，我手心里捏了把汗：幸亏沙浴及时结束——我可不想在沙浴时闻到烤肉香。

看看天边呼朋引伴的乌云，爸爸说，这是沙漠在下逐客令，得卷铺盖走人啦！我想起植树节那天，我们还原沙暴现场的小实验。现在，站在真正的沙漠里，我可一点儿都不想"被还原"。还是三十六计，走为上！

科学小贴士

在自然界，沙浴不是个稀奇事。小鸟、老鼠等，都喜欢把沙地当浴缸，把自己洗干净。人类也不甘落后，早在唐朝，孙思邈就在《千金要方》中记载了沙浴。无论如何，把沙漠当浴缸的感觉，还是要亲身试试才懂！沙浴不光可以节水，还可以促进血液循环、保护皮肤。当我们躺在沙子里，不仅可以享受沙浴，还同时赚到了日光浴、空气浴和磁疗，真是一举多得！

以前我总以为，"七月流火"是说7月天气很热，仿佛空气中流淌的不是氮气和氧气，而是火焰。直到妈妈告诉我，错啦，意思恰恰相反！

"七月流火"居然是天气转凉的意思。好吧！我望向窗外，正准备研究烈日下的大树和它们的光合作用，却瞥见高兴正舔着奶油冰激凌蛋卷，和米粒一起出现在树下，挥手招呼我去新开的滑冰场玩。看看"流火"的太阳，再想想清凉的、雪白的冰块，身边空气的温度似乎都降了几摄氏度——哈哈，原来不仅望梅能止渴，想冰也能降温！

我们仁都会"滑冰"，但滑的都是四轮旱冰，穿上这样锃亮威风的冰刀鞋，踏上冰面而不是水泥地，还真是大姑娘上轿——头一回。一进滑冰场，凉意扑面而来，仿佛一秒钟变秋天。

"我的心跳得好快，都要每分钟100下啦！"米粒望着阳光下闪烁金属冷光的冰刀，不免有点儿紧张。

　　"那你得去学花样溜冰，好锻炼一下你脆弱的小心脏——经常滑冰的人，安静时的心跳只有每分钟 40 下到 60 下呢！"高兴一边说，一边吞下了最后一口蛋卷。

　　"你才要学花样溜冰呢！你知道不，60 千克的人溜上半小时，正好可以消耗掉两个奶油冰激凌蛋卷的热量。不然，你家体重秤要爆表啦！"米粒不甘示弱，反将了高兴一军。

眼看一场唇枪舌剑即将展开，忽然一声哨响，滑冰时间开始啦！我们穿上冰鞋和护具，左脚右脚交替滑动，小心翼翼地在冰上热身，不一会儿就适应了。在冰上滑比在水泥地上爽多了！速度快，冰面也没有疙疙瘩瘩的，像飞翔一样舒畅。原来，薄薄的冰刀承受了人的体重，又因为刀刃和冰面接触面小，压强大，熔点下的冰被压成了水，给冰刀穿上了"润滑水衣"。穿上冰鞋，不仅能来去如飞，还能在冰面上跳舞呢！

　　米粒很好奇地问，大夏天的，这些冰难道是从北极运来的？而且，居然还不会融化。热心的工作人员告诉我们，只要在装满水的溜冰池管道里注入液态氨，液态氨在室温下立刻会变成气体，在这个过程中它会吸收很多热量，水就结冰啦。而再在

水里加入一些氮物质可以让冰变"坚强"，即使高于零摄氏度也不容易化掉。高兴听了十分开心，说以后也要在家里造一个滑冰场，这样就可以随时滑冰，还能肆无忌惮地吃奶油冰激凌蛋卷呢！

科学小贴士

早在宋朝，古人就发明了"冰嬉"，从速度滑冰到花样滑冰一应俱全，甚至还有冰上的杂技表演。到了清代，"冰嬉"已经是家喻户晓的大众娱乐啦！而让人意想不到的是，北欧的游牧民族更能玩。早在很久很久以前，他们就把动物骨骼绑在脚下，在天然的冰面上享受滑冰的乐趣啦！

7 月 22 日
星期日
转瞬即逝的沙雕

能想象出中国长城、埃及金字塔、古罗马斗兽场凑在一起开会的样子吗？10秒钟内，从远古穿越到现代，被航天飞机、火车、水立方包围；再走几步，童话世界里的美人鱼、稻草人都来开派对了……这可不是梦，这些都是沙雕艺术展上的精美作品！

今天是舟山国际沙雕艺术节。第一次看到巨型沙雕，高兴想起了我们小时候

玩的"堆堆沙"。那些用粗糙的河沙垒出的小城堡，一不小心就会土崩瓦解。眼前细腻的海沙比河沙还难黏合，高兴着实为它们捏了把汗。米粒则比较淡定，说白蚁小小个头就能用泥沙、排泄物、唾液造出1米高的"沙雕"，是白蚁身长的几百倍；而最高的人类沙雕不过20多米！

很快，我们就

　　游玩了"小半个地球"，眼睛是满足了，手却直痒痒，也想堆一堆沙子。我们占据了一块湿湿的沙地，用小铲子掘出"护城河"，在自己的"地盘"上挥洒想象。我堆了一座小城堡，取名"沙将军"；高兴不停用手拍实一个球体，难道要做巨型棒棒糖？米粒想堆一个侧卧的"睡美人"，可一想让"她"把脑袋支起来，沙堆就会调皮地塌下，像扶不起的阿斗。触摸着滑滑凉凉的沙子，我们的心也像融进了蓝色的海里，轻得像天上的云——难怪听说"沙盘疗法"有助于缓解压力，还能治疗心理疾病呢！

突然，工作人员走过来用水管给米粒的"睡美人"洗了个澡，米粒急得跳了起来，后来才明白工作人员是好心——沙子需要用水增加黏性。最后，米粒在"睡美人"旁边修了三座小山包，还修了一条"隧道"通往我的城堡，说是为了方便"英雄救美"！至于高兴，他说自己堆的是离太阳最近的恒星比邻星，才不要和我们玩童话过家家呢！

科学小贴士

沙雕艺术诞生于20世纪初的美国，如今已经在全球100多个国家留下过它们的丰姿。据沙雕艺术展的工作人员介绍，沙雕原料只有沙子和水，即使是表面喷洒特制的胶水加固，也只有几个月的寿命，又叫作"速朽艺术"。因此，每件沙雕作品都是独一无二的，以后再想见它们，就只能去照片和记忆里找啦！

7月30日
星期一
鸟瞰城市的摩天轮

　　晚饭后，我和米粒来到高兴家，发现高兴竟然在跑步机上气喘吁吁，挥汗如雨。原来，他正在和跑轮上的豚鼠赛跑！

　　这可不容易，要知道，豚鼠虽然长得肉乎乎的，却是天生的长跑能手，野生状态下跑几千米像串门似的。而对高兴来说，每年体育考试的1000米长跑都是一场噩梦。

　　望着豚鼠在跑轮上惬意地打哈欠，高兴当了自己的裁

判，宣告比赛先告一段落。因为他要和我们去征服更大的"轮子"——新概念公园的摩天轮。

华灯初上，没想到，这个高 150 米的"巨人"还是个魔术师，突然间披上了发光二极管编织的"荧光袍"，让彩色光芒勾勒出自己身上的每一条筋骨。米粒则觉得，仿佛有个看不见的画家，正在夜幕中挥毫作画。我们仨激动地爬进座舱。随着摩天轮缓缓启动，大地仰望着我们徐徐升高，脚下的人都向我们行"注目礼"呢！

摩天轮是由电带动的，电动机将电能转换成机械能，机械能像个大力士，轻而易举地把摩天轮上的几百号人举到空中。米粒笑着说，可惜今晚没星星，不然可以偷偷摘一颗，挂在她

的小房间里。高兴也特别喜欢这个慢性子的大轮子，这可要感谢"减速机先生"制造的低转速，不然，谁敢坐在一台巨型电风扇的转叶上啊。

终于，我们升到最高点。俯瞰整座城市，简直是一幅光影画卷，看不见的电子奔跑着，点亮楼房的光，人们却变成了小墨点。突然，一道闪电撕破夜空，吓得米粒一声尖叫，差点儿钻到座位底下。其实，别看我们待在这么高的地方，似乎成了闪电的"猎物"，摩天轮可早就料到了这点，有高高的避雷针卫士护航，凶神恶煞的闪电也只能乖乖钻到地下去了。

科学小贴士

　　"费里斯巨轮"是世界上第一座摩天轮，由美国人乔治·费里斯设计建造。但最初，这个26层楼高、2200吨重的大家伙可不是为浪漫而生的，而是用来和巴黎埃菲尔铁塔一较高下的。

　　今年跨年夜，我想去坐南昌之星摩天轮，看数千根LED（发光二极管）灯组成的、直径150多米的超大时钟敲响跨年倒计时。想想，新年钟声敲响时，我正坐在城市上空，坐在"时间之轮"上，那感觉一定妙不可言。高兴则对指环式摩天轮更感兴趣，这种摩天轮恰如其名，像一个大指环，优雅地转动于天地间。而它那"漫步式"的转速，足够慢性子的高兴一边吃着零食，一边悠闲地欣赏风景啦。

8月1日 星期三
像鱼一样快乐

"子非鱼，安知鱼之乐乎？"今天，机会来啦！爸爸要带我和米粒、高兴一起去海南潜水，体验一把当"鱼"的快乐。

亚龙湾海滩上的沙子细得连精盐都惭愧，脚丫被沙粒簇拥着，还带着阳光的温度，好舒服！顽皮的海水反射着阳光，看上去熠熠生辉。这让我想起我和高兴曾用镜子反射阳光，操纵着小光斑在黑板上追逐。望着蓝水晶一样的海水，白碎玉一样的浪花，想想海底还藏着世界最大、最完整的软珊瑚群，我仿佛看见小丑鱼在朝我摇尾巴。

米粒有点儿紧张，担心变成鲨鱼的点心。高兴安慰她，说我们这儿是安全水域，况且，变成鲨鱼点心的概率，比变成蜜蜂"刺客"受害者的概率低多了。

学会基本手势后，我们换上潜水服，套

上蛙蹼，戴上潜水镜，咬住呼吸调节器，在教练叔叔的指导下，做出拇指向下的"下潜"手势，慢慢潜入大海的怀抱。下沉过程中，我的耳朵被水压压得有点儿疼，便马上吞了几口唾液，平衡下耳压，疼痛感便溜走了。

潜水艇靠储水舱里的水量变化调控浮力，而我们靠"浮力调整背心"里的气体量变化上浮、下沉和悬停。水下，浮力平衡了大部分重力，轻飘飘的失重感仿佛是在做太空漫步，奇妙极了！

终于，我们潜到 10 米深的海床上，看见色彩斑斓的珊瑚虫在一起聚会，小丑鱼在柔软的海葵间蹭痒，还有浑身剑刺的海胆，胖胖憨憨的海参……一只半透明的小水母像一把小伞从眼前漂过，我伸手想托住它。教练却一把拽住我，还伸出拳头晃了晃——这意思可不是要揍我，而是让我别碰它，这小家伙有毒！我马上回应了个 "OK" 的手势，用脚上的蛙蹼划着水，游向别处探索。

没等我把海底世界摸个遍，1 小时的潜水体验就结束啦！教练比画了个拇指向上的 "上升" 手势，带我慢慢浮出水面。10 米深水的大气压是水面的两倍，上升过程中，气压慢慢减小，肺部空气体积会变大，我慢慢地吐出肺部的一些空气——千万不能屏住呼吸哦，如果不想肺被吹成气球的话！

回到沙滩上，我们交流起水下 "战绩"：米粒看见了一只睡觉的大海龟，高兴抚摸了一只赶着回家的海参……当然他们也遇到了小小

的"险情"：米粒开始不习惯用嘴巴呼吸，呛了好几口水；高兴在水里扑腾得太欢，结果小腿抽筋，在教练帮助下浮上水面，扳住脚趾，蹬直腿舒展肌肉，才缓了过来。

我想起"深海女王"西尔维娅·厄尔博士说过的话："没有穿戴过面罩和脚蹼潜下大海，人们就不会意识到，每一勺海水里都充满生命。"如果可以，我想变成一条鱼，游到珊瑚间，和小鱼们一起玩藏猫猫的游戏。

科学小贴士

如果我们拥有泰德·西米罗团队发明的"鲨鱼脚"，就可以把潜水 1 小时的每秒都好好利用啦！这种特殊脚蹼就像鲸鱼和海豚的尾鳍，可以拍打水面、上下旋转，穿上它，仅仅 1 小时，就可以探索 13 千米的海底世界。

听说过"北极冰潜"吗？想想在北极点漂满浮冰的海里潜水，呼吸器随时可能被冻住，我就止不住打寒噤……因此，在北极点冰潜被称作"海洋中的珠峰攀登"，只有约 30 名民间潜水员挑战成功。

潜水不仅能满足好奇心、开拓眼界、改善心肺功能，在有些国家，潜水甚至还作为一种治疗癌症的辅助手段呢！

8月10日 星期五
糖画转转乐

　　今天，美食街比以往热闹十倍，据说是在搞什么"美食艺术展"！美食不稀奇，艺术展也不稀奇，但当美食邂逅艺术展，那可就稀奇了。

　　在这儿，棉花糖幻化成了"七彩祥云"，桂花糕上绘着"彩虹与鸟"，"踏雪无痕"居然是椒盐鸡爪……最惊奇的是"我很臭，但我很温柔"，居然是臭豆腐和香菜在吃烛光晚餐！高兴每样都要了一份，可还没等他吃完，新目标又出现了——前面围着一大群人，一定有好吃的！没等我发号施令，高兴就一溜烟冲了过去！

我们拨开人群，好不容易才挤到前面，看见一个仙风道骨的老爷爷，一手捋着白花花的长胡子，一手在浇糖画。小汤勺成了画笔，香浓的糖汁成了颜料，三下两下，就浇画出一只栩栩如生的鸟儿。小铲刀一铲，竹签一粘，鸟儿就跳上了竹签，呼扇的翅膀动感十足，似乎要飞向蓝天哩！

高兴早就按捺不住，把最后的零花钱全贡献给了糖画转盘。高兴说，转不到龙，也至少得是只凤吧！

结果指针越转越慢，最后停在的格子里却画着一只虫——螳螂！高兴大失所望，老爷爷却笑呵呵地恭喜他，说他转到了立体糖画。哈，糖画居然能逃离平面世界！只见老爷爷娴熟地舀起一勺热乎乎的糖汁，迅速在青石板上浇画出螳螂的"零件"，并趁热把平面糖汁弯成螳螂"肢体"，粘连拼接，一只大螳螂就张牙舞爪地立在竹签上啦！钳子像金色的镰刀，两根细细的触角似乎在随风飘动。阳光下，像极了一只身披琥珀铠甲的螳螂战士，看得高兴迟迟舍不得下嘴。

你一口我一口，"甜蜜的螳螂"终于下了肚。米粒说，如果我们参展，可以造一座童话书里的"糖果小屋"，玻璃糖的窗户，面包的墙壁，奶油的屋顶……说不定，比糖画还火爆呢！

科学小贴士

　　回家后我找来配方，让红糖、白糖、饴糖三兄弟在锅里"蒸桑拿"：蒸跑水分，等糖汁张力变大，就可以拿来拉丝儿、画画啦！可一不留神，火太大了，晶莹的碳水化合物被碳化，烧成了黑乎乎的焦糖！看来，糖画功夫可不是一朝一夕就能练成的啊。我妈说，可以买一台智能糖画机，通过微电脑来熔化糖，就不会把糖烧焦啦！糖画机还是个绘画天才，可以绘画出几百种图案，简直太棒了！

　　糖画在民间有很多名字，什么"倒糖人儿"呀，"糖灯影儿"呀，听着就甜丝丝的。早在明代，糖画就诞生了，那时的糖人儿个个神似丞相，器宇轩昂，所以叫"糖丞相"。现在，糖画已经是四川省省级非物质文化遗产的"甜蜜成员"啦！

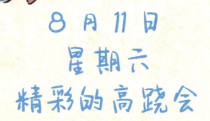

8月11日
星期六
精彩的高跷会

　　前天赶上书店促销，妈妈搬回一堆书，连地板都成了书架。我也沾了光，大脑天天享受知识的饕餮盛宴，简直不能再幸福啦！可总闷在家里，爸爸怕我闷出"空调病"，便决定捎上我这个"小尾巴"，一起去拍高跷会的民俗纪录片，还可以体验踩高跷！听到这么棒的消息，我一个鲤鱼打挺从书堆里跳起来，立马打电话叫上了高兴和米粒。

　　爸爸说，高跷会是中国古代百戏的一分子，早在春秋时代，人们就能在街头巷尾欣赏这种节日表演；可现在，高跷会慢慢被人们遗忘了，所以他要用镜头记录下来，让高跷会不被埋没在历史的尘埃里。

乡村特有的泥土味很好闻，浩浩荡荡的演员大军像彩云从远处飘来，滑稽的脸谱让人忍俊不禁，宽宽的戏服在风中飞扬，乍一看，我还以为自己穿越到了古代！在欢乐的唢呐声中，演员们操着粗犷的乡音唱戏，踩在半米多高的竹跷上，翩翩起舞，还不时做出"惊险"的动作，甚至假装踉跄着要摔倒。高兴替演员们捏了把汗："踩这么高，摔下来得多疼啊！"

　　"放心吧，他们的平衡感可好了。而且通过双脚不停走动，也可以让重心保持在两脚之间，不至于歪斜而摔倒。"我刚说完，一个花脸叔叔踩着高跷走过来，把腰弯成90度，递给我们几颗糖果。

　　爸爸有意考我们："你们知道高跷是怎么发明的吗？"

　　米粒猜测："难道是在模仿仙鹤

的细长腿？"

"答对了！"爸爸冲米粒竖起大拇指，"在远古时期，丹朱族人崇拜鹤，所以在祭祀时踩着高跷跳舞，模仿鹤的样子。"

"爸爸，我记得《山海经》里还说高跷可以用来捕鱼是吧？"我咂咂嘴，让味蕾充分沉醉在糖果的甜味里，"那时，海边的渔民经常站在浪花里，踩着高跷撒网捕鱼呢！"

"哈哈，对的，我都差点儿忘了！"爸爸一拍脑袋，"下次我们也可以去海边，踩着高跷捉鱼去。"

演出结束后，我们仨早就迫不及待，争着要体验"居高临下"的感觉。可是，看起来容易做起来难，在几次摔进我爸的怀里后，我们还是放弃了"一步登天"的计划。
看米粒脸上写满不甘，我安慰道："我
敢保证，你以后肯定有机会'踩高跷'
的，而且可以天天踩。"

"为什么？"

"穿高跟鞋呗！"

科学小贴士

　　高跷会有很多别的名字：缚柴脚、扎高脚、走高
腿……这些"昵称"裹挟着浓浓的乡土气息，虽然不
及高跷会听上去风雅，却也十分生动形象。高跷会分
文跷和武跷，文跷主要是表演唱词和简单动作，武跷
的表演则要难很多，例如在高跷上倒立、叠罗汉、劈
叉……现在，踩高跷已经是国家级非物质文化遗产，
被保护起来了呢！

8月15日
星期三
我们的夏日漂流

昨晚，我看到书上说蚕宝宝能长大9000倍。结果，夜里就梦见我养的蚕宝宝变得和我一样大了！这下可好，妈妈忙着给它的16只脚做鞋子，爸爸则为伙食犯了愁：它一辈子要吃掉自己体重24000倍的桑叶呢！直到阳光透过眼睑唤醒我的瞳孔，我瞟了瞟纸盒里慵懒晒太阳的蚕，才长舒了口气。

鉴于天气很热，我们的娱乐战线移到了水路：漂流谷。我

和米粒赶到那儿，看见穿着半袖衫的高兴正在啃薯片，就跟梦里的蚕宝宝一样爱吃！好在，他摄入的卡路里马上就会被这次漂流燃烧掉，而不是变成脂肪。

没想到米粒竟然嫌弃救生衣长得丑。我替救生衣抱不平，故意捏着鼻子说："米粒公主，我也不想这么丑呀，可是我不吃饱空气，哪来的浮力扛起你们这些旱鸭子呢？"

米粒用一贯的高贵眼神扫了我一眼，说："我可以养一只海豚啊，它会当我的救生衣，把我驮在背上。"

尽管不情愿，米粒还是和我们一起穿好了救生衣。橡皮筏脱离了缆绳的束缚，像离开鱼缸的鱼，头也不回地顺流直下。河水溅到脸上，比薄荷糖还清凉。因为水升温比空气慢多了，所以同样面对夏日炙烤，空气热得冒烟，水却凉爽得沁人心脾。

随着地势落差变大，越来越多的重力势能转换为动能，橡皮筏越漂越快，载着一船欢笑尖叫的人，勇猛地左突右撞，激起雪白的浪花；而橡胶擅长"柔道"，以柔克刚，根本不把小礁石放在眼里。

　　但不久之后跳出的"拦路虎"小旋涡，着实让舵工捏了把汗，费了好大力气，才让橡皮筏安全绕行——被吸进旋涡就不好玩儿喽！但我们发扬"险中作乐"的精神，趁此机会讨论了旋涡形成的原理：简单说，就是水从四周流向中心凹洞时，地转偏向力插了一脚。在北半球，地转偏向力朝右，所以旋涡都是逆时针转的，不信，回家看妈妈洗菜时的水池！高兴事后还冒着相机进水的风险，"咔嚓"下了逆时针旋转的旋涡。

最后，橡皮筏漂进港湾的怀抱，一切又都恢复平静。我们的漂流探险在"扑通扑通"的心跳声中结束啦！高兴意犹未尽，豪迈地说，下次要去大海里漂流！米粒撇撇嘴，说她才不想陪我们冒险，重演《鲁滨孙漂流记》的故事！

科学小贴士

漂流是一项"年轻"的户外运动。虽然因纽特人的皮船和中国古代的竹木筏都有漂流的影子，却都是生存所需。直到第二次世界大战后，人们玩心大起，把退役的充气橡皮艇当作漂流工具，变战争武器为娱乐玩具，才逐渐"漂"出了我们今天的欢乐之行。

你能想象从海拔几百米的山顶上以二三十千米的时速俯冲到山脚的"速度与激情"吗？2019年，浙江省丽水市缙云县的普化源高山水滑道项目就以全长2723米，落差226米的"成绩"拿下吉尼斯世界纪录，被授予"最长山体水滑道"称号。有时间我也要叫上米粒和高兴一起去感受一下。

8月20日 星期一
马戏团里的骑行侠

　　今天一大早，高兴和米粒就来敲我家的门，问我要不要去看马戏。哈，对这种新鲜事，我向来是不吝啬去尝试的；要是我不去，我的好奇心会抗议的。

　　新开张的马戏团，演出帐篷的造型圆溜溜的，就像一把特大红伞支在地上。为什么不是方的呢？因为马戏团起源于圆形的罗马斗兽场，当然得向"祖师爷"看齐。高兴说，马戏团的英文"circus"在拉丁文中就是"圆圈"的意思。他还想带我们从帐篷的篷布下偷偷溜进去，结果自然又被米粒"鄙视"啦！

　　第一个节目是"小猴骑自行车"。在音乐的伴奏下，一只"小猴车侠"登场啦！它一边围着舞台骑车绕圈，一边还在驯兽师

的口令下做出各种惊险的动作：单手骑车、背手骑车、急转弯……

米粒说："童童，这只小猴的车技比你还娴熟啊！"

高兴忙替我说话："这很正常，猴子很聪明的，智商只比人和类人猿低呢！"

不对……这真的是在帮我说话吗？！我赶紧转移这个"伤

自尊"的话题："你们知道驯兽师是
怎样让小猴骑车的吗？"

米粒抢着答道："这还不
简单，和人骑车一样呗，
靠由脚蹬子、中轴、链轮、
链条、飞轮、后轴和后轮
组成的驱动系统受力前进。"

我纠正她："我不是考你物理，
而是问为什么小猴会乖乖按驯兽师的指
令去做。"

"这个我知道！"高兴拿出含在嘴里的棒棒糖，"不就和
训练琥珀差不多嘛，小猴做对了动作，就给它吃香蕉，时间一久，
形成条件反射了呗！"

"恭喜你答对了……一半！哈哈，听过'杀鸡儆猴'这个
成语吗？猴子的模仿能力虽强，但
'皮猴'嘛，比琥珀调皮多了，光
靠奖励哪儿够呀！猴子胆小，驯兽
师鞭子一挥，连老虎都
乖乖坐下，小猴就
更不敢撒野啦！"

我伸出手，做了个

挥鞭的架势，高兴立马配合着做出惊吓状，米粒"咯咯"地笑，说我俩简直能拿下奥斯卡下一届的最佳表演奖。

后面的节目越来越精彩：笨狗熊在钢丝上憨态可掬，百兽之王在火圈间来去自如……难怪对古罗马人来说，快乐就是"面包和马戏"！别看今天的马戏五花八门，动物们轮番上阵，还有滑稽的小丑表演喷火，在以前，马戏仅仅是人在马背上表演。从汉朝的"戏马之术"，到唐代的"马跃刀山"，只有马才是马戏节目的主角儿。知道为什么马在急转弯时，马背上的骑手歪着身子，却不会摔下来吗？这当然不是轻功，而是因为人跟着马一起转弯需要向心力。记得奥运短道速滑和自行车比赛不？选手急转弯时，也是通过适当的倾斜获得了转弯所需要的向心力，身体得以保持动态平衡，才能和大地保持不过分的"亲密"。

9 月 15 日　星期六
倾斜小屋的秘密

　　今天是周末，起床时，我学树懒，每走一步都用 12 秒，这感觉真奇妙，像在月球上行走，也许树懒原本是外星生物？我沉浸在联想模式之中，直到妈妈来催我，说今天是全国科普日，科技馆免费开放。哈哈，这种免费的"知识大餐"怎能错过！我迅速向高兴和米粒发出集合令，进军科技馆。第一道开胃菜叫"倾斜小屋"，可它既不像伽利略做自由落体实验所在的比萨斜塔，也不像"世界第一斜"的阿联酋首都之门，表面一点儿也不斜，怎么能叫"倾斜小屋"？

　　为一探究竟，我和高兴迈进小屋，不料却像中了迷魂弹，天旋地转，多亏扶手帮了我一把，地心引力才没给我个大大的拥抱。高兴却摔得四脚朝天，像翻不过身的小乌龟，我伸手拉他，却腿一软，和高兴摔成了一团。屋里还有只大铁球，顽固盘踞在铁轨顶端，无论怎么推它下来，它都会自己滚回最高处，得意地俯

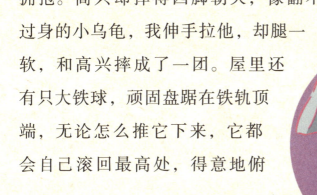

视我们——这铁球难道是"外星球"，能逃脱地心引力？

逃出斜屋后，我俩还是晕得不轻，掌管平衡的小脑似乎罢工了，而米粒则取笑我们在扭秧歌。但她也没得意太久——进入斜屋不出10秒，米粒的海豚音尖叫声就飘了出来，还带着颤音，乍听还以为在美声演唱呢！不一会儿，米粒就像失去耳石的鱼儿，没了平衡感，摇摇摆摆地"游"出来啦！

还是解说员为我们揭开了谜底：斜屋是个"表里不一"的家伙，外表周正，内部地面却比水平面倾斜了18度，但墙体和地面是垂直的。根据生活经验，眼睛告诉大脑要垂直站立；而感知平衡的耳内器官——前庭发觉了地面的倾斜，告诉大脑要倾斜站立。就这样，眼睛和前庭争论不休，大脑左右为难，人就会晕眩。至于铁球轨道，它比水平面倾斜15度，我们在斜屋里看到的轨道顶端其实在低处，因此铁球看似朝上滚，实际是朝下滚——斜屋可没有克服万有引力的魔法哦！

我们决定改变战术，闭上"骗人"的眼睛，只听前庭指挥，再闯一次斜屋。这次倒是不晕，但没有了眼睛指挥，我们像无头苍蝇一样左突右撞，鼻子都要碰扁啦！只好请眼睛"出山"，在眼睛和前庭的争斗中再次狼狈地逃出小屋。也许，我们下次应该用上导盲手杖？

科学小贴士

　　去年全国科普日，也就是九月的第三个公休日，我们去沈阳怪坡玩，在下坡时感到很吃力，而汽车停在坡上竟会自己向上爬！其实这和倾斜小屋一个道理，都是眼睛在视觉习惯下开的玩笑。而在地震中，房屋一旦被震歪，就会变成现实版的"倾斜小屋"，让被困的人步履维艰。这样看来，勇闯倾斜小屋不仅是好玩儿的科学游戏，经常体验说不准还能在关键时刻帮助人们脱离险境呢！

　　为什么有人看3D电影会头晕？哈哈，这又是眼睛和前庭在开玩笑。立体画面的移动让眼睛误以为自己在动，但前庭直纳闷儿：肌肉分明没动呀！高科技就像躲在角落偷笑的恶作剧者，总能让眼睛和前庭变成一对欢喜冤家。

舒服的钉子床

　　昨天在科技馆，倾斜小屋大施"迷魂大法"，静电球使人"怒发冲冠"，"悬空水龙头"内藏玄机，整个科技馆就像是科学的大脑，每一个神经元都发射出智慧的电波。而我们是"脑电波"

捕捉者，今天一大早又跑来这里播种好奇，收获知识了！

　　"这是敌人刑讯逼供的刑具吧？"米粒尖叫一声，指着这张"尖嘴獠牙"的钉子床，似乎眼前这不是床，而是张着血盆大口的"钉子怪"。

　　我看了眼解说词，也学着米粒尖叫了一声："狮子嘴里也就 30 颗牙齿而已，这家伙居然有 8300 颗！"

　　高兴第一个表明自己的态度："我就不上去了，钉子们可吃不消我的体重！"

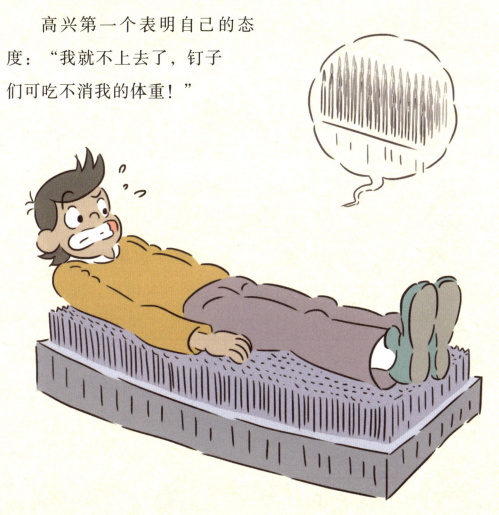

米粒满脸写着担忧："这些钉子没生锈吧？会不会划破皮肤得破伤风？"

"别怕，看我来做第一个吃螃蟹的人！"我嘴上这么说，心里却敲起了架子鼓。躺上钉子床，我满脑子都是上次研究刺猬的 16000 根刺时的情景。还没等我动摇"以身试床"的决心，高兴就按下了启动钮，身下的钉子床有节奏地波动起来——哈，我并没有变成多孔"海绵宝宝"，倒是后背麻酥酥的，像鹅卵石按摩着脚底板。高兴一直笑，说我一动不敢动的样子就像个大肉串，正等着进烤炉呢。

原来，钉子床之所以像"按摩床"一样舒适，是因为钉子数量很多，人的体重被钉子军团分担啦，一根钉子只需要托举起十几克的重量。想象一下，如果有1亿根钉子，是不是就接近一个平面了？在我的鼓动下，高兴和米粒也享受了一番"钉子按摩师"的服务——说不准我们放松肌肉、缓解紧张后，考试还能拿个100分呢，哈哈！

科学小贴士

纳瑞娜·瑞姆拉军是英国卡皮奥南丁格尔医院的一名睡眠治疗师，她每天都要躺在镶有4000根钉子的床上休息15分钟，这样晚上就能睡得更香。想不到，钉子床对失眠患者来说竟是个福音呢！

每个人都可以轻易捏碎一枚鸡蛋，但如果单手均匀用力握鸡蛋，力气再大的人，也很难握碎一枚鸡蛋。这和钉子床的原理很像，是因为手的握力被平均分摊到鸡蛋的各个部位，压强也就小了。"薄壳理论"就此诞生，对建筑师们也产生了极大的启发！

10 月 18 日
星期四
彩虹泡泡，吹起来

　　今天下午的活动课上，高兴掏出一支泡泡管，在操场上表演起了吹泡泡。轻盈的泡泡随风飘荡，像在空中畅游的水母，一下子把同学们的目光都吸引了过去。米粒嘴上说这是小孩子才玩的游戏，目光却像遇到磁石的铁钉，跟随泡泡们起起浮浮。

　　看到大家潮水一样涌来，高兴更来劲儿了，竟吹出了超级大的泡泡长龙。那泡泡晃悠悠地飞到我眼前，我轻轻一戳，它就变成晶莹的小水珠，亲吻泥土上的小花去啦！

没一会儿，泡泡管里的肥皂液见了底，高兴的表情就像刚刚挥霍完亿万家产的富翁。看他不过瘾的样子，我提议放学后到我家，自制"科学小超人"牌泡泡水！

　　放学后，我家的卫生间摇身一变，成了泡泡制造中心。当洗洁精"邂逅"了自来水，加上筷子兄弟的搅和，雪白的泡沫冒出来，几乎要逃出浴盆。我不由得想起上次用爸爸的剃须泡沫为小饭刮了胡须，害得它测量不了距离，被卡在墙缝里"喵呜"直叫的样子——米粒为此好久不和我说话！

　　我又偷拿来妈妈准备丢掉的过期护肤甘油，加进了配方

里——甘油可以和水融为一体，使水蒸发变慢，让泡泡飘得更久。

大功告成！不一会儿，浴室就被我们的泡泡大军占领了。我们跑到院子里，吹管里一串串泡泡喷涌而出。米粒在一只飘过眼前的大泡泡里面看见自己的脸，还惊叫着说自己怎么变成大鼻子老巫婆啦！原来，泡泡凸起的表面就像一面哈哈镜，通过光的反射，可以看见泡泡里奇形怪状的"自己"。

高兴惊呼："看，泡泡里面有彩虹！"

真的！在落日的余晖下，几乎每个泡泡都变得五颜六色，红色、蓝色、黄色……就像是一群在阳光下招展彩裙的小仙女。

我知道，这又是光线的杰作。当光钻过泡泡的薄膜，会被折射成七种颜色，而薄膜表面有厚有薄，最厚的地方反射红光，最薄的地方反射紫光，色彩在薄膜表面幻化，看起来就像是彩虹融化在了泡泡里。

　　看着阳光下五彩斑斓的泡泡，我的眼前冒出这么一幅画面：有一天，"科学小超人"牌泡泡液在全球义卖，献出爱心的大人、小孩儿都在兴高采烈地吹着"彩虹泡泡"……

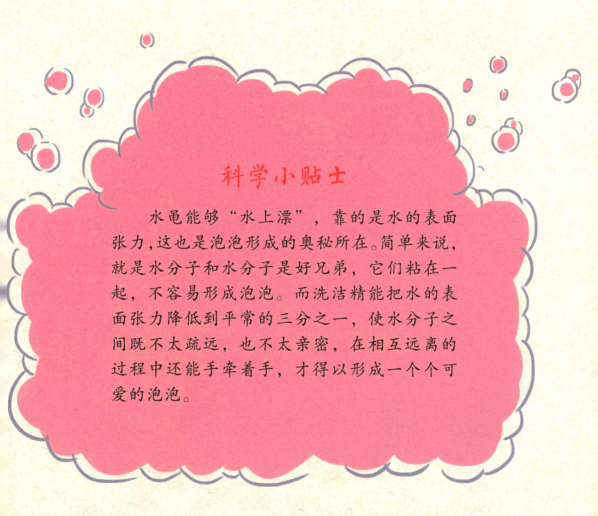

科学小贴士

　　水黾能够"水上漂"，靠的是水的表面张力，这也是泡泡形成的奥秘所在。简单来说，就是水分子和水分子是好兄弟，它们粘在一起，不容易形成泡泡。而洗洁精能把水的表面张力降低到平常的三分之一，使水分子之间既不太疏远，也不太亲密，在相互远离的过程中还能手牵着手，才得以形成一个个可爱的泡泡。

12 月 10 日
星期一
悠悠球技巧大赛

　　今年学校举办的科技体育节上，新增的悠悠球技巧大赛成了关注焦点。高兴和我摩拳擦掌，觉得大显神通的时候到了。米粒很不解，说悠悠球不就是拿在手里扔来扔去的吗，多没意思！

　　高兴急不可耐地帮悠悠球"申冤"："什么叫没意思？悠悠球可是世界上花式最多、最难、最具观赏性的手上技巧运动！"

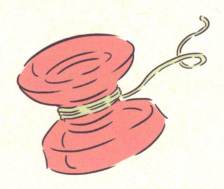

　　我把悠悠球的指环套上中指，慢条斯理地说道："米粒，你别小瞧

悠悠球，它可是历经了 2500 年沧桑的岁月啊，有'世界第二大古老玩具'的盛名。"

"那，第一古老的玩具是什么？"

"就是你每天抱着睡的那个——洋娃娃！"

听说论排行悠悠球是洋娃娃的"小弟"，米粒立马来了兴趣，决定陪同观战。高兴信誓旦旦地说，有了米粒助威，就算拿不到冠军，拿个第二名还是手到擒来。

比赛终于开始了！高兴先用力把悠悠球甩了出去，只见悠悠球泰然自若地悬在半空，这招儿叫"睡眠"。就在米粒对这种"小孩都会的动作"感到倦怠时，高兴将绳子绕过左手手掌，右手捏住悠悠球绳上 10 厘米的位置，张开的左手转移到下方，撑出一个小三角形：哈，只见悠悠球像吊钟的钟摆一样，来回摆动起来。这招儿"摇摆时钟"赢得了一片叫好，也唤醒

了即将睡着的米粒。

我也不甘示弱，先是让悠悠球陷入"睡眠"，然后将"睡着"的悠悠球放在地上。着陆的悠悠球立马"睡醒"了，像撒欢儿的琥珀一样，拽着"遛狗绳"在地上奔跑——不错，这招叫"遛狗"。等悠悠球跑"累"了，我抓准时机收线，利用剩余的旋转动能让悠悠球回到掌心。自然，我的"收放自如"引来围观女生的热烈掌声。

比赛越来越精彩，什么"星月穿梭""核子分裂"，悠悠球时而成了变幻莫测的魔术师，时而成了舞姿优美的小精灵。

不仅是米粒，连我和高兴都看呆了，难怪悠悠球又叫"手指上的舞蹈"呢！

我和高兴最后都拿了三等奖，奖品是一个最新款的悠悠球！看米粒在一边玩得不亦乐乎，高兴透露个秘密：悠悠球早先可不是玩具，而是打猎用的。它的名字"YO-YO"是菲律宾土语"回来"的意思，早在 16 世纪，菲律宾的猎人在绳子一头绑上重物，例如晒干的鱼贝，用来投掷猎物。小号的武器就成了猎人孩子的玩具，并逐渐演化成世界流行的悠悠球。

科学小贴士

在希腊雅典的国立博物馆，珍藏着一件公元 500 年的陶瓷罐子，罐子上绘制的人物居然在玩悠悠球！到了 1000 多年后的 20 世纪 90 年代，悠悠球有了属于自己的世界锦标赛。

1985 年，美国"发现号"太空船将悠悠球带入太空，用于研究"太空玩具"。结果，科学家们发现，失去了地心引力，悠悠球就不能旋转反弹回到线上。看来，悠悠球是地球的专利呢！

12 月 26 日 星期三
飞来的滑板

今天一大早，高兴就神秘兮兮地宣布昨晚圣诞老人驾着12只驯鹿拉的雪橇，给他送礼物啦！米粒不信，说高兴家又没有烟囱，圣诞老人想送礼也没"门"啊！没等我和米粒"严刑拷问"，高兴就不打自招了。原来是他的外国小伙伴送给他的惊喜：一整套滑板装备，从海外飞到了高兴怀里。

还没等放学，高兴就猴急地穿戴好头盔、护腕、护膝，踩上滑板，摆了个超人变身的姿势，在操场上滑了起来，嘴里还高喊着"1号滑板战斗机起飞"。不过他这速度和战斗机比起来，简直就是龟兔赛跑——飞行最慢的战斗机每秒也有67米呢！结果呢，他的滑板战斗机"起飞"没几秒，就因为来不及转向，和米粒撞了个满怀。

放学后，高兴像紫藤缠树一样搂着我，一定要拉我去当陪练。米粒也要跟着，可高兴说滑板是极限运动的鼻祖，男孩子才可以玩。这下米粒公主可不高兴了，立马变身女中豪杰，说一定要把高兴比下去。

在米粒的强烈要求下，我们在公园占据了一块空地，先让她换上了滑板装备。结果，要不是高兴手疾眼快当了"人肉垫"，米粒肯定就要啃一嘴泥啦！

其实滑板并不复杂，动力主要来源于蹬地时脚底和地面产生的摩擦力。如果把它当作小船，我们的脚就是动力桨。想加速时，使劲儿用脚往后蹬地，地面对脚施加的向前的摩擦力就会推动人前进；至于减速，想象一下船抛锚的样子就懂了：把一只脚变成"锚"放在地上持续摩擦地面，滑板就会缓缓停下——当心别把鞋底磨穿啦，回家妈妈会生气的！

而要想学会转向，就要学会让身体重心乖乖听话。决定左转时，身体左倾，让重心偏左，左侧滑轮受的摩擦力变大，相同时间内滚动的圈数就会比右侧少，滑板就乖乖左转了。这就像仪仗队转弯，最内侧的一列在转弯时几乎是原地踏步，最外侧的一列却要迈着极大的步子前行。

米粒说，高兴在滑板上的姿势很像冲浪。这一点儿都不奇怪，因为滑板就是陆上冲浪！ 20 世纪 50 年代，美国西海岸的人们不满足于海上冲浪，为了能在陆地上享受乘风破浪的快感，便